JN050470

大切にしたいものをお繕(つくろ)い

野口光が教える一生使えるダーニング術

ダーニングとは「繕う」という意味の英語です。
メンディングの「お直し」と違い、
私が10年ほど前にイギリスで習ったダーニングは、
欧米で40年ほど前まで広く家庭で行われていた
針と糸で衣類の傷んだ生地を再生してゆくテクニックです。
緻密で新品同様に修繕するダーニングは
日本では「かけはぎ」と呼ばれている職人技ですが、
私が紹介するダーニングは、家庭人が自分や家族のために行うお繕い術です。
手縫いはミシンや接着材を使う補修方法に比べると柔らかく、
着心地がよい仕上がりになります。
自分の手で愛着のあるものを繕いながら使い続けられる喜びをご堪能ください。

Contents

Chapter 2
ストーリーのあるダーニング

針仕事に馴染みのない方へ

まずはここから始めよう！

用意するのはこの4点

ダーニング
マッシュルーム
おたまで代用可

覚えるテクニックは「ブランケットステッチ」

ブランケットステッチ（詳細はP24〜26）

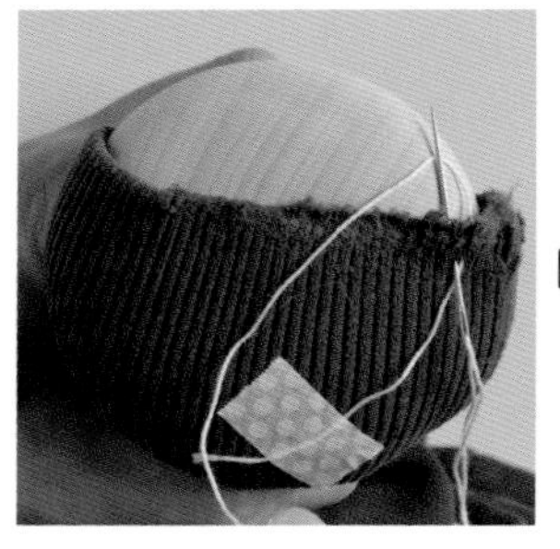
▶

返し縫い（ゴマシオダーニング）**も知っていると、ダーニングの幅が広がる！**（詳細はP27〜29）

▶

この2つができれば、穴、すり切れ、シミ、
どんなものでもお繕いできます！

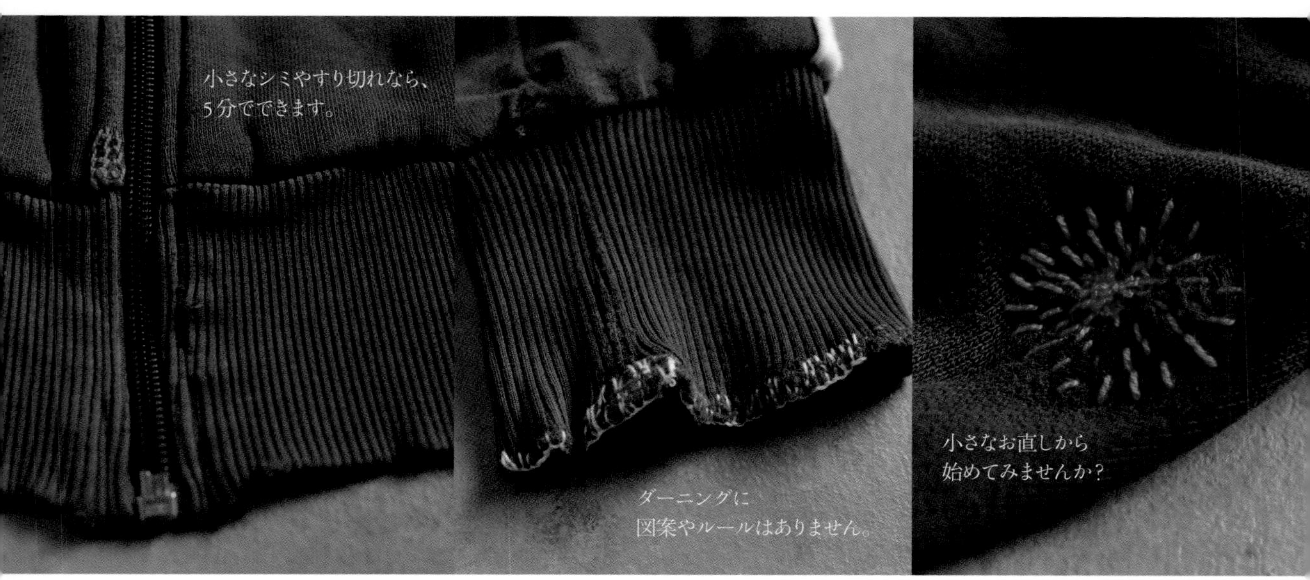

Chapter 1 ダーニングの基本

「ブランケットステッチ」と「ゴマシオダーニング」さえ覚えておけば、
穴、汚れ、シミ、すり切れ、なんでもお繕いできるようになります。
さらに、この基本テクニックを応用させた
「ハニカムダーニング」や「タンバリンダーニング」も身につけると便利です。
針仕事が苦手な人でもすぐに始められるダーニング。
まずは道具や糸の種類を知って、小さなお繕いを始めてみましょう。

ダーニングにはいろいろな技法がありますが、
「ブランケットステッチ」は普段針仕事をしない方でも
始めやすいテクニックです。

「ブランケットステッチ」でお繕い

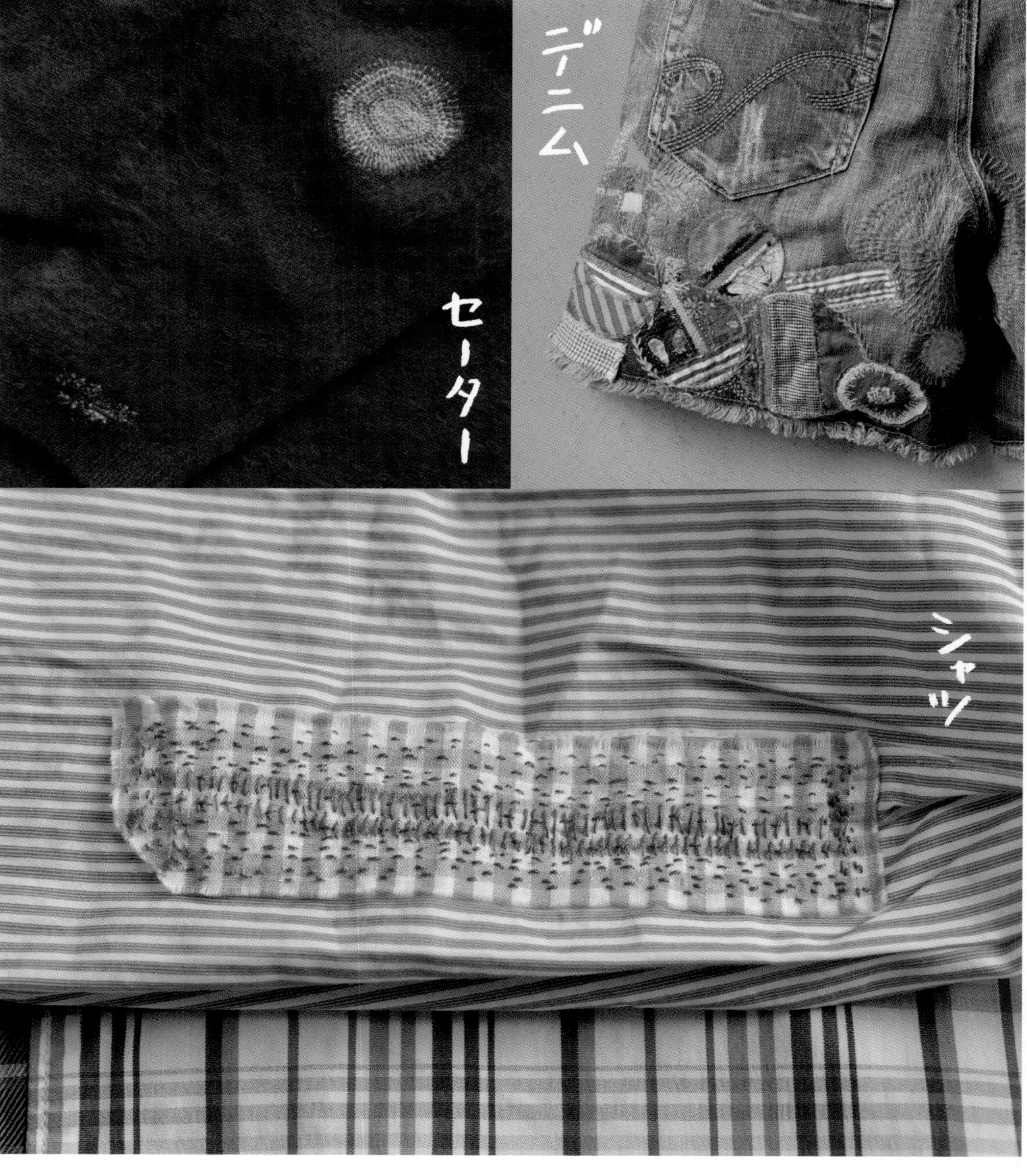

コート
スニーカー
バッグ

穴があいたもの、シミがついたもの、でも捨てられずにいるもの。
そんな大切にしてきたものを生き返らせるのがダーニングです。
似たような色の糸を数種類使うことで、雰囲気のある仕上がりになります。
さりげないダーニングで、もっと長く使えるようになるお繕いをしてみませんか？

さりげないダーニング

裏ハニカムダーニングを刺して、表に花火模様を出すことで、さりげない仕上がりになります。糸は靴下に近い色をセレクト。伸縮性のあるウーリーロックミシン糸を使い、履き心地のよいものに仕上げました。

経年変化によるデニムの風合いを活かすような、白とグレーのリネンの刺しゅう糸と刺し子糸をセレクト。傷みの形に合わせて目立ちにくいステッチに仕上げました。

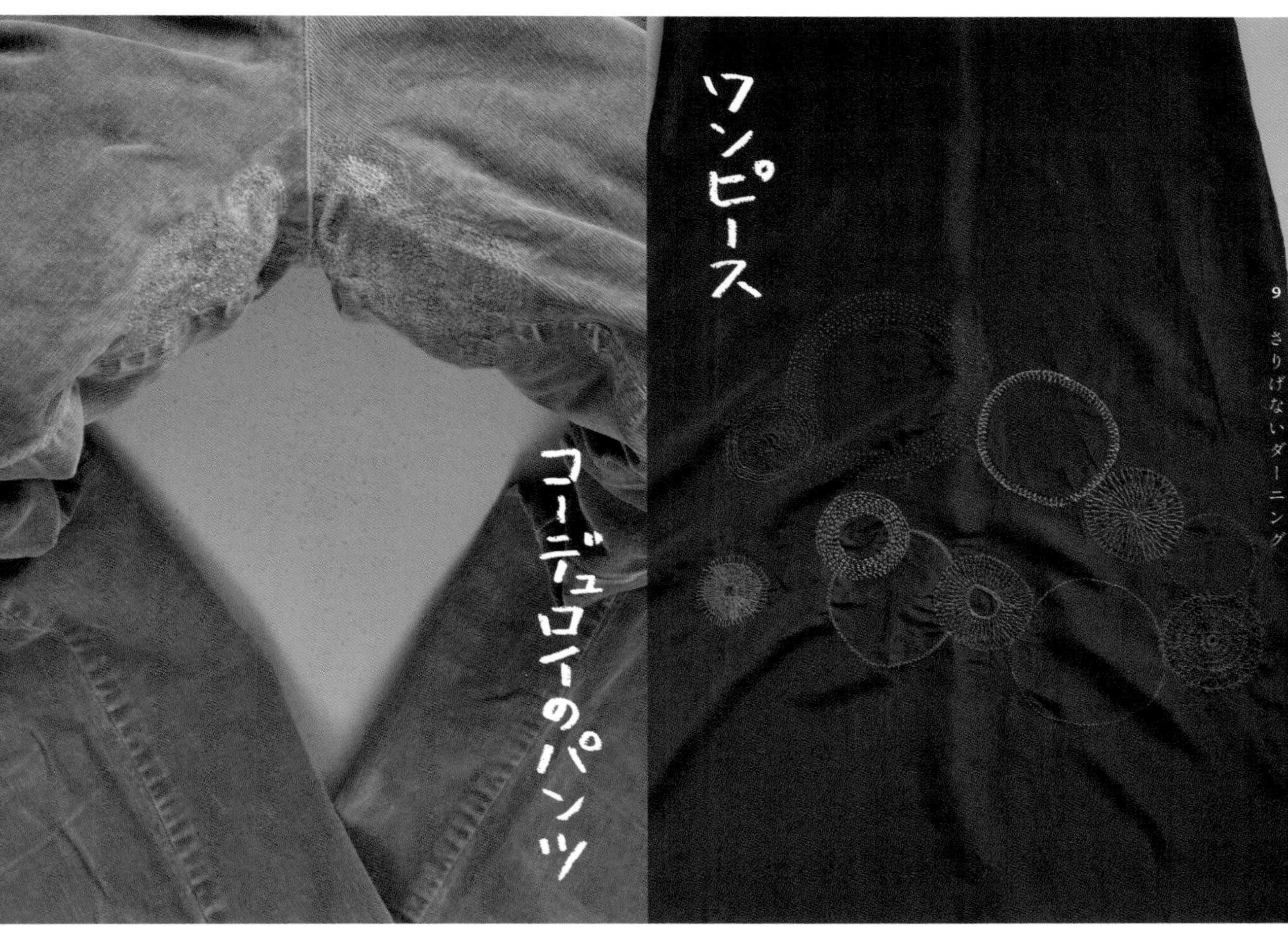

すり切れの激しいお股部分は、手縫い糸と極細モヘア糸を数色使用。デリケートな部分なので、細かいハニカムダーニングをしました。再び傷んだら、刺し重ねていきましょう。

広い範囲でシミがついたシルクのワンピース。紺やチャコールグレーのシルク糸やリネン糸を使って、ゴマシオやハニカムダーニング、タンバリンダーニングで仕上げました。丸い形は適当に配置してもバランスよくおさまるのでおすすめです。

ダーニングできるのは洋服だけではありません。
バッグや靴、カーテン、ソファ。
傷みが気になる愛用品をお繕いしてみませんか。

日常使いのダーニング

ちょっとした汚れや小さなすり切れができやすいダウンジャケット。フランス刺しゅう針9番で、25番のフランス刺しゅう糸や極細毛糸を使って刺すことができます。中から羽毛が出てきてしまうこともありますが、そのまま繕って、刺し終えたら表面に出てきた羽毛ははさみで切って整えましょう。

エコバッグ

エコバッグの持ち手の補強や底の汚れにはダーニングがぴったり。まずは一度洗濯してアイロンをかけるのがおすすめ。ここでは使い始める前に、ハニカムダーニングやゴマシオ、タンバリンダーニングを施しました。エコバッグは、ダーニングの練習にもおすすめです。

あきらめかけていた傷みやシミのある洋服。タンスの奥に眠っていませんか？
ダーニングをすることで、また新たに生き返ります。
ぜひ自分好みのお繕いを楽しんでください。

捨てなくてよかった！
もっと着られるダーニング

Before

デニムのお尻の裂け目

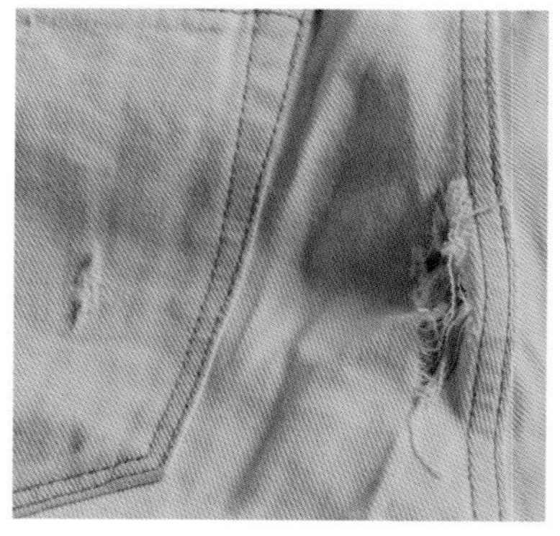

After

デニム

裂け目の部分には、古くなったシャツの生地を裏からあてて、裏ハニカムダーニングをしました。表面はさりげない仕上がりに。ポケットの端も裏から生地をあて、ゴマシオで縫い、補強力を高めています。

After

子ども服

Before

チョコレートのシミ

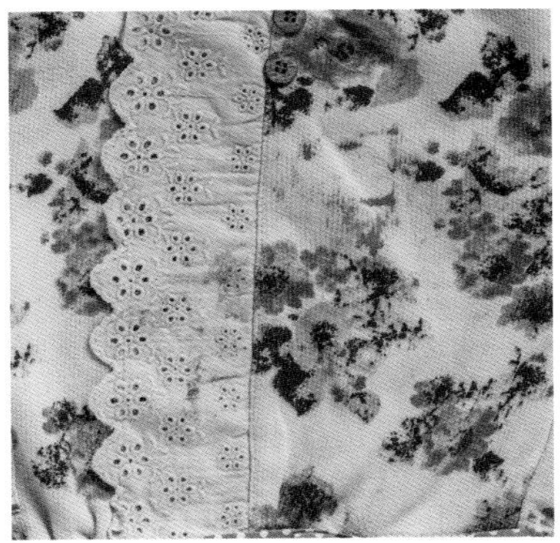

洗濯しても取れないチョコレートのシミがついた子ども服。シミの形に合わせて、ゴマシオとハニカムダーニング、裏ハニカムダーニングを施しました。服の色に合わせた糸の色を刺すことで、全体が馴染みます。

ダーニングに必要な道具をご紹介します。
ダーニングマッシュルームを持っていなくても、
針と糸、糸切りばさみがあれば、すぐに始められます。

基本の道具

フックタイプの
糸通し

菱形ワイヤー
タイプの糸通し

フランス刺しゅう針5番

タペストリー針18番（とじ針）

フランス刺しゅう針9番

フランス刺しゅう針3番
ダーニングが初めての方はこの針がおすすめです。

＊針と糸と生地の関係は
P22-23で詳しく解説しています。

ヘアゴム
ダーニングマッシュルームを固定する時に使用します。

裁ちばさみ
布を切る時に使います。

糸切りばさみ
糸や布を切る時に使用。紙を切るはさみと分けることが大切です。

糸
糸はさまざまな種類があるので、用途に合わせて選びましょう。

POINT!
ダーニングをする時の糸の長さは約50cmがおすすめです。これ以上長くしてしまうと、糸がからまる原因にもなるので気をつけます。

本
広めのエリアにあて布をする時に使用します。

まずはこれがあれば今すぐ始められる！

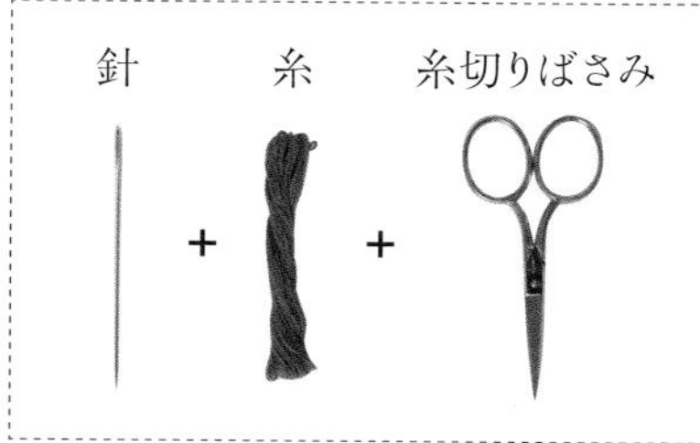

＊糸の種類はP20-21で詳しく解説しています。

もしあれば…

ダーニング
マッシュルーム

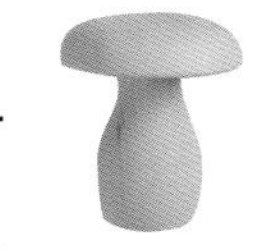

ダーニングマッシュルームがなければ、台所にあるおたまで代用できます。

針穴に糸を通すことが大変だと思っていませんか。
糸通しがあれば、目を細くしながら時間をかけなくても大丈夫。
簡単で素早く針穴に糸が通せるようになります。
ここでは、2種類の糸通しの使い方を説明します。

糸通しの基本

菱形ワイヤータイプの糸通しの使い方

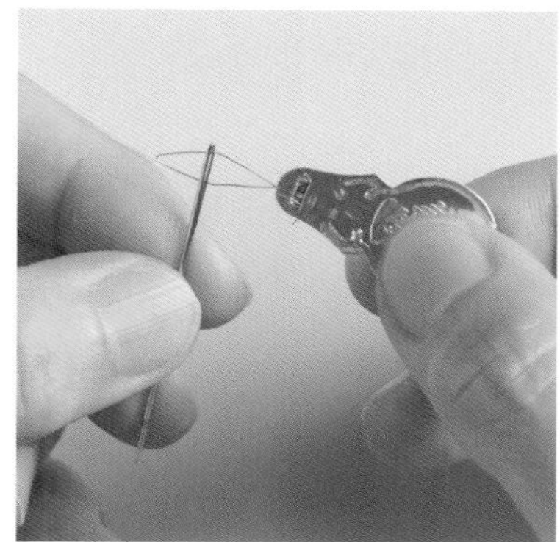

1 針穴に菱形ワイヤーを入れます。

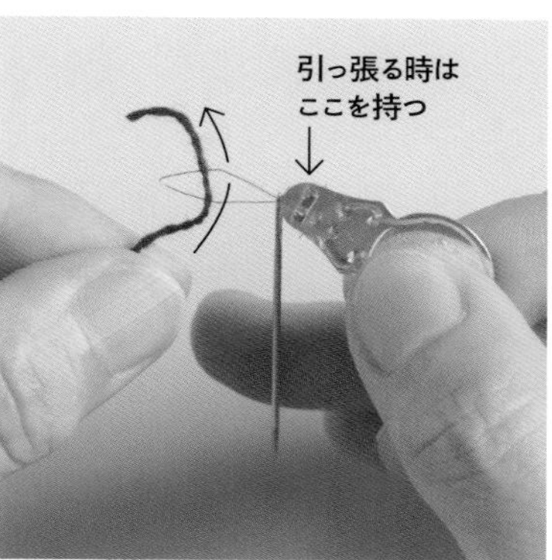

2 菱形ワイヤーに糸を通します。

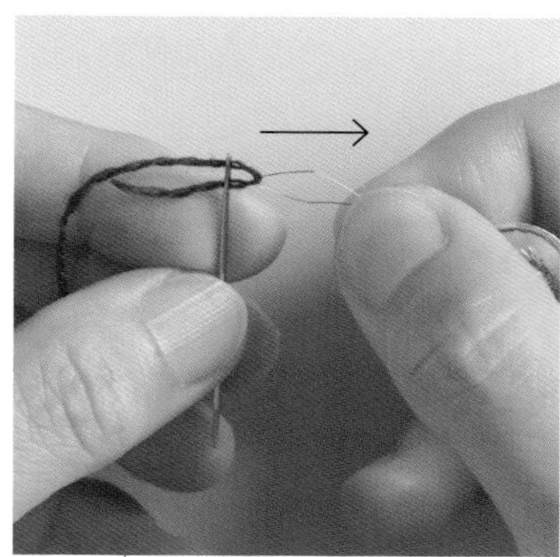

3 糸通しの持ち手部分と菱形ワイヤーの接続部分を持ち、引っ張ります。

フックタイプの糸通しの使い方

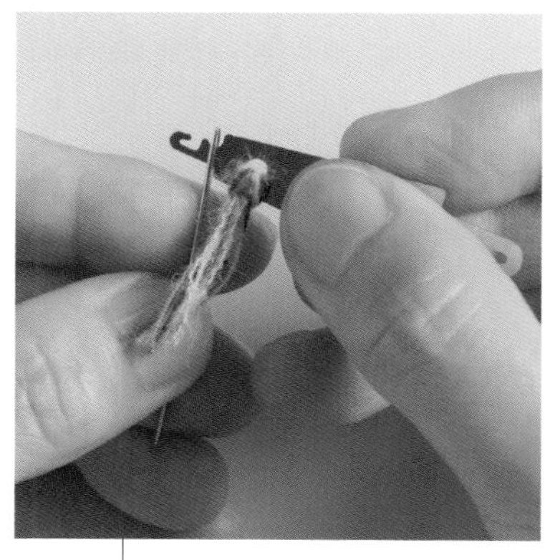

1 針穴に糸通しの先端を差し込みます。

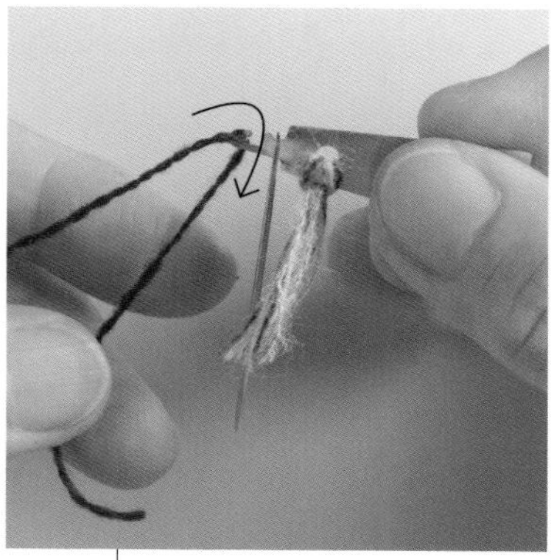

2 糸通しの先端のフックに糸をかけます。

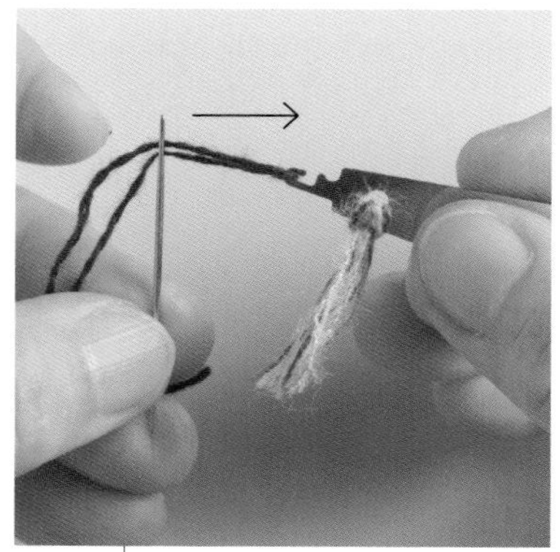

3 針先を持ち、糸通しを引っ張ります。

ダーニングをする時には伝統的なきのこ型の
「ダーニングマッシュルーム」を使用しますが、
専用の道具を持っていなくても身近なもので代用することができます。

ダーニングに使う道具

大きな子安貝
握りこぶしくらいの大きさのものが使いやすいです。

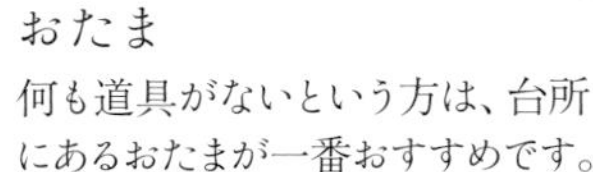

おたま
何も道具がないという方は、台所にあるおたまが一番おすすめです。

ガチャガチャの空カプセル
ゲームセンターやおもちゃ売り場などで、手軽に手に入る代用品。

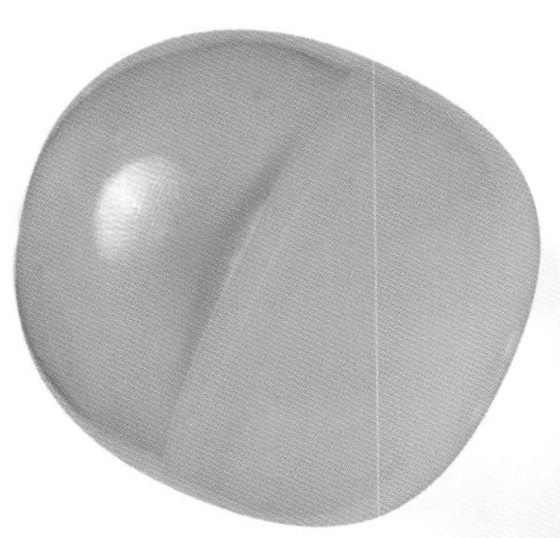

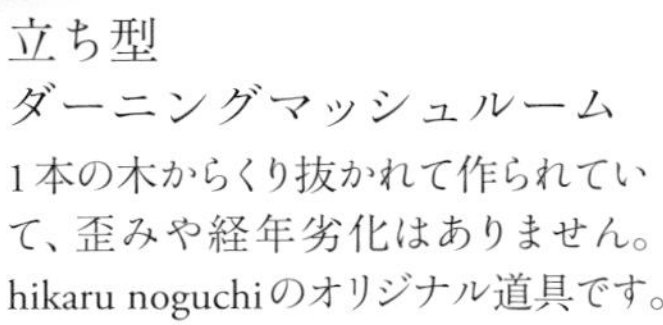

立ち型
ダーニングマッシュルーム
1本の木からくり抜かれて作られていて、歪みや経年劣化はありません。hikaru noguchiのオリジナル道具です。

きのこ型の置物
民芸品店などで売っている置物も便利。

こけし
東北地方の郷土玩具。頭のカーブが緩やかなタイプのこけしがおすすめです。こけしの頭部分をダーニングに使用します。

溝付きの
ダーニングマッシュルーム
生地を固定したヘアゴムがずれないように溝がついています。hikaru noguchiのオリジナル道具です。

ひょうたん
ウリ科の植物。ひょうたんのお尻(底面)部分をダーニングに使用します。

木箱の蓋
小物入れなど丸みのある蓋も便利。木製のお皿やボウルでも代用できます。

ダーニングをする時にあると便利な道具・ダーニングマッシュルーム。
ここではその使い方と、ダーニングマッシュルームがない時に
代用できるおたまの使い方をご紹介します。

ダーニングマッシュルームの使い方

ダーニングマッシュルームの使い方

1 ダーニングをする箇所を中央にあて、生地がたるまないようにダーニングマッシュルームにかぶせます。

2 ダーニングマッシュルームの根元部分をヘアゴムで固定します。

3 生地がピンと張りすぎないように固定することが大切です。

おたまの使い方

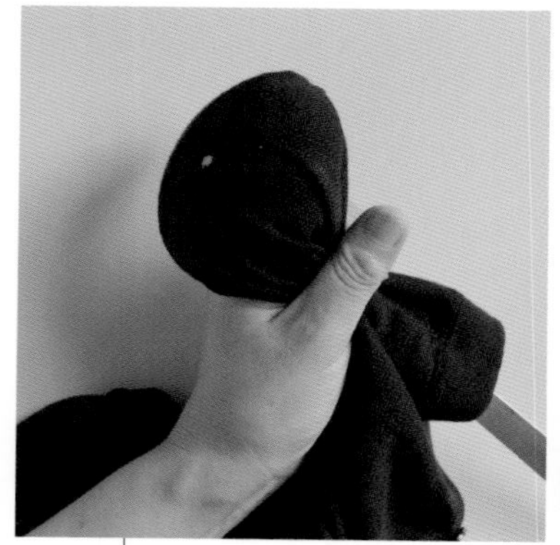

1 ダーニングをする生地をおたまにかぶせます。

2 おたまの柄の部分をヘアゴムで固定します。

3 おたまの柄は長いので、膝に挟んで作業してもよいでしょう。

ダーニングをする時は、生地の大きさや形に合わせた道具を選ぶことが大切です。
時には、専用のダーニングマッシュルームの代わりに、
こけしやミニすりこぎなど身近なものを活用するのもよいでしょう。
自分のやりやすい方法でダーニングを楽しんでください。

傷んだ場所に合わせてダーニング

手袋や5本指靴下

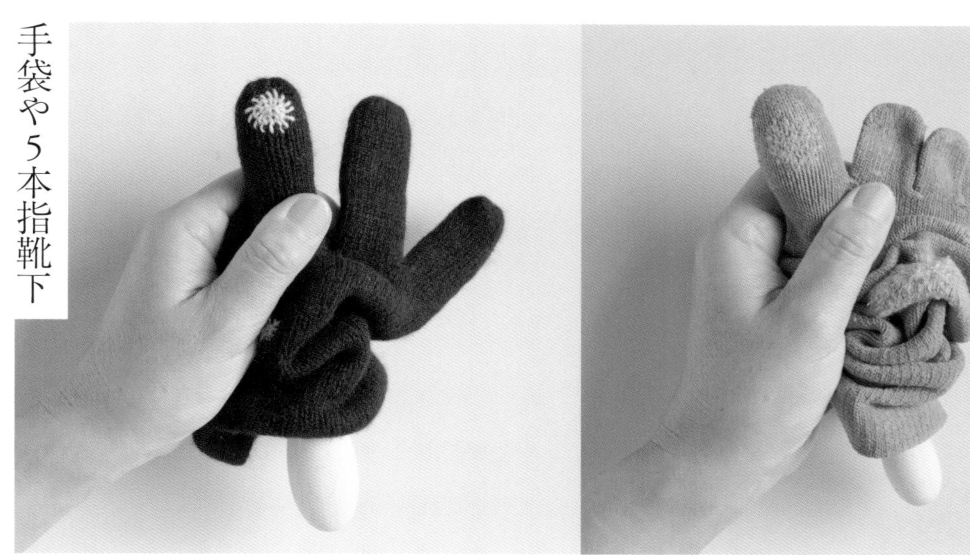

ダーニングスティックと呼ばれる細長いダーニングマッシュルームを使用して、手袋や5本指靴下に固定。ミニすりこぎで代用することもできます。

大きな裾や袖口

裾や袖口

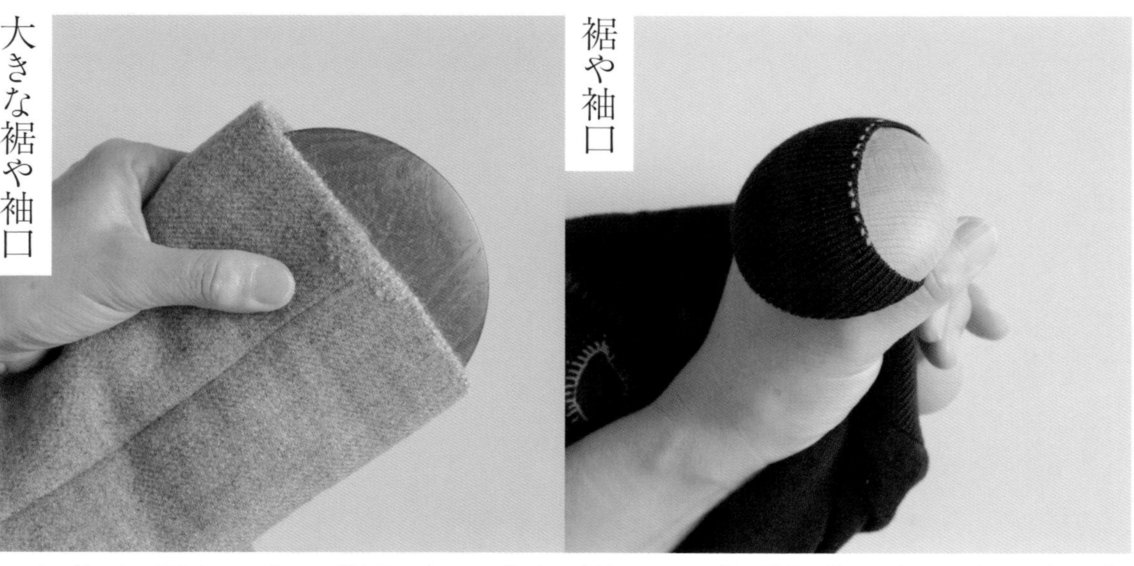

コートの袖口やワイドパンツ、デニムの裾などのダーニングをする時は、円形で大きめの道具がおすすめ。ここでは、丸い木箱の蓋を活用しています。

細身のパンツの裾や洋服の袖口のダーニングをする時は、ダーニングマッシュルームが少し外側に出るようにあて、根元部分をヘアゴムで固定して使います。

ダーニングに使う糸はどんな種類のものでもかまいません。
まずはご家庭にある糸を使用することをおすすめします。
いくつかの種類の糸を揃えていくうちに、デザインの幅が広がるでしょう。
ここでは、糸の種類とその特徴を紹介します。

ダーニングで使う糸の種類

1 極太モヘアナイロン糸（ループ付き）
丸い輪っか状のループがついた、手触りがよくかわいらしい糸です。

---

2 極細モヘアナイロン糸（ループ付き）
ループの部分は、針を刺している間や服を着る度にほどけていき、フカフカに仕上がるのが特徴です。

---

3 並太モヘアナイロン糸
起毛しているため、最初からフカフカの感触が楽しめる糸。セーターのお繕いにおすすめです。

---

4 並太羊毛毛糸
30℃以上で縮絨（しゅくじゅう）する性質を活用し、靴下の底など摩擦の強い部分のダーニングに使うと、洗濯の度に強度が増します。

---

5 中細羊毛毛糸（段染め）
1本の中にいろいろな色が入っている糸。お繕いすると、他の糸を使わなくてもカラフルで楽しい印象に仕上がります。

---

6 ラメ糸
手縫いにもミシンにも使える糸。ほんの少量使うだけでも、華やかな印象に仕上がります。

---

7 ミシン糸
ミシンで使うことの多い細い糸。一度に2〜4本束ねて使うこともできます。

---

8 ウーリーロックミシン糸
ナイロン素材で伸縮性が高く、柔らかい手触りの糸。タイツのダーニングに適しています。

9 しつけ糸
手でちぎれるほどとても柔らかい糸。洗いざらしのTシャツやナチュラル素材の衣類に合います。

---

10 ウール刺しゅう用糸（イギリス製）
100%羊毛で作られた糸。色の種類が豊富に揃っているため、色選びも楽しめます。

---

11 蛍光色糸
鮮やかで目立つ色の糸。少量使うだけでも、明るい雰囲気になります。

---

12 手縫い糸（細）
一般的な縫いものに使われるベーシックな綿糸。どんなダーニングにも使いやすいです。

---

13 手縫い糸（太）
12よりも少し太口のタイプ。強度があるので、ボタン付けにも使用できる綿糸です。

---

14 ポリエステル製ボタン付け糸
丈夫なポリエステル糸。

---

15 絹手縫い糸
よりが強いため、ダーニングに慣れてきた方におすすめ。デリケートな素材のダーニングに適しています。

---

16 ナイロン糸
伸縮性のある糸。靴下やタイツ、スポーツウェアに適しています。

---

17 刺し子糸（段染め）
初心者でも使いやすい丈夫な糸。1本の糸に複数の色が入っているので、手の込んだ印象に仕上げたい時におすすめです。

18 8番フランス刺しゅう糸
刺し子糸に近い太さの糸。美しい光沢感があり、サテンのような感触が特徴です。

---

19 極細レース編み用糸
サマーニットやデニムなどのダーニングに適しています。

---

20 太レース編み用糸
19の太口タイプ。立体感のある仕上がりになります。

---

21 麻極細毛糸
夏になると手芸店に並ぶ糸。ナチュラル系からセーターまで、幅広い洋服に適しています。

---

22 麻刺しゅう糸
色の種類が豊富な刺しゅう糸。糸にツヤがないため、素朴でかっこいい仕上がりがのぞめます。

---

23 25番フランス刺しゅう糸
超極細糸を6本束ねて作られているツヤがある糸。仕上がりに合わせて1〜3本に減らすなど自由に調整ができます。

---

24 ダーニング用糸
ウールとポリエステル素材が入っており、お繕いに適している丈夫な糸です。

---

25 刺し子糸
日本の伝統民芸「刺し子」用の綿糸。ツヤがないので素朴な仕上がりに。幅広い衣類にしっくりと馴染みます。

---

26 刺し子糸
丈夫に作られている刺し子用の糸。耐久性が欲しい箇所のダーニングに向いています。ウールやカシミアの衣類に刺すのもおすすめです。

POINT! 1種類の糸ではなく、1つのダーニングに違う素材、違う色の糸を使うことで、深みのある仕上がりになります。

Made in the UK
100% pure English wool
NEON
ダルマ 家庭糸
綿100%
細口
太口
きなり
#30/100m
MADE IN JAPAN
100m
KING
TIRE
Stopf- und Beilaufgarn
2
fädig
REGIA
900
25g
316
not Knot
SASHIKO
細
20/4
cotton 100%
40m
MADE IN JAPAN
刺し子糸
1
2
3
4
5
6
7
8
9
10
11
12
13
14
15
16
17
18
19
20
21
22
23
24
25
26

針と糸と生地の関係

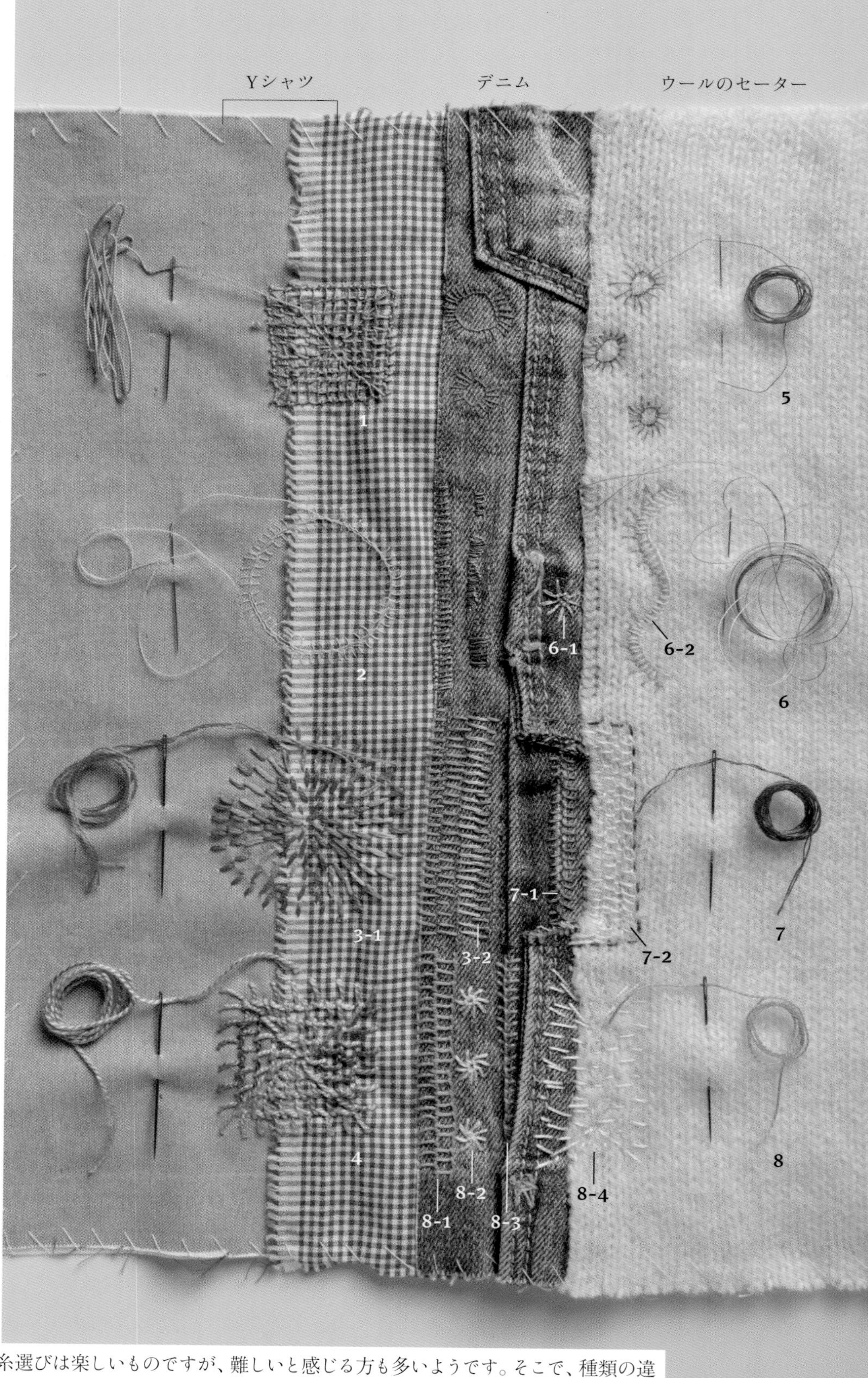

糸選びは楽しいものですが、難しいと感じる方も多いようです。そこで、種類の違う生地と糸、針の組み合わせ例をご紹介。決まりはないので、これらを参考にして自由に組み立てながら、お好きな形でダーニングをするヒントにしてください。

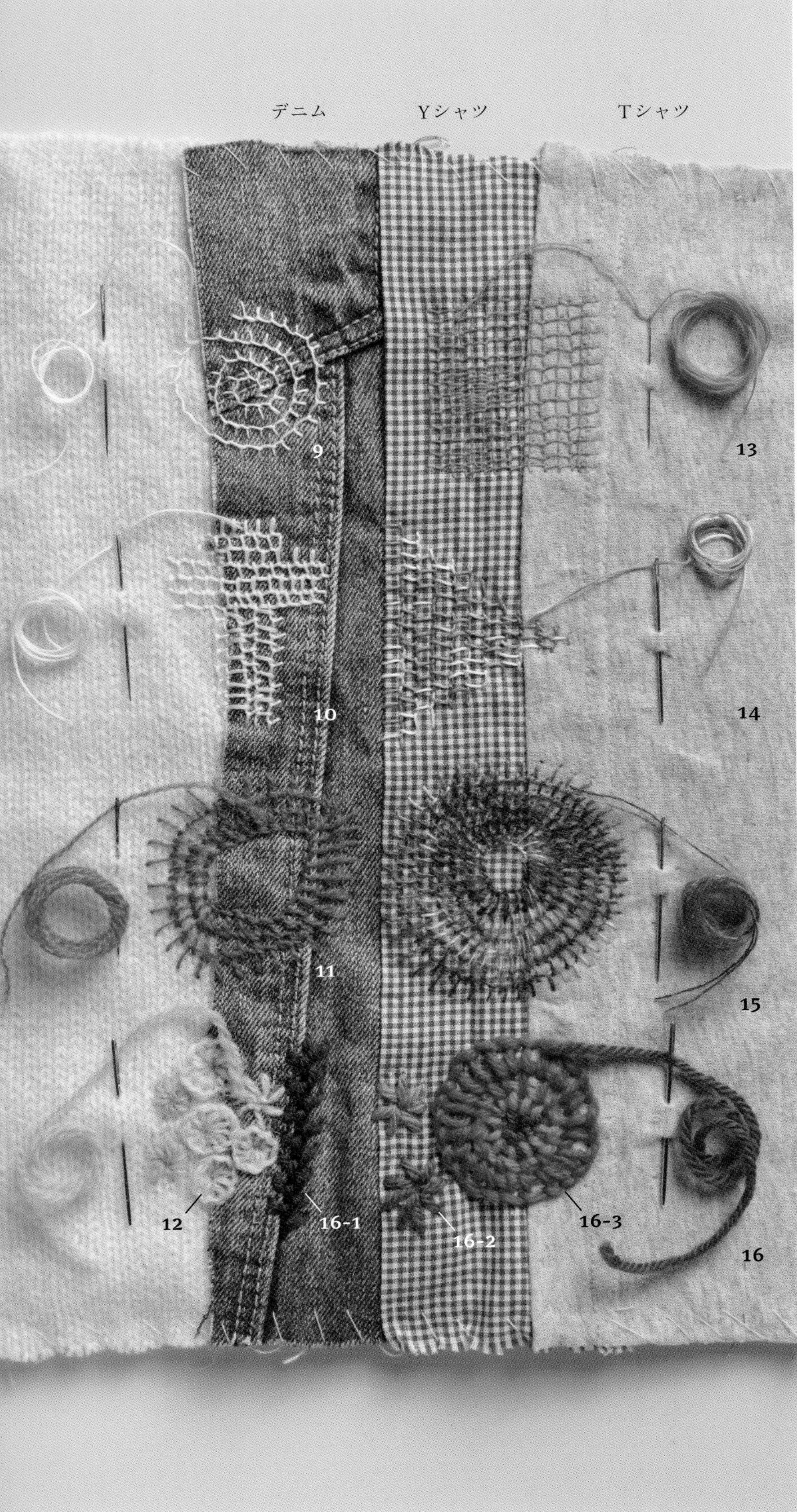

1 手縫い糸(太)／フランス刺しゅう針5番／四角のタンバリンダーニング

2 ミシン糸／フランス刺しゅう針9番／丸いフランケンダーニング

3-1 25番フランス刺しゅう糸(4本取り)／フランス刺しゅう針3番／裏からのタンバリンダーニング

3-2 25番フランス刺しゅう糸(2本取り)／フランス刺しゅう針3番／裏からの平行移動ハニカム

4 5番フランス刺しゅう糸／フランス刺しゅう針3番／四角のハニカムダーニング

5 手縫い糸(細)／フランス刺しゅう針9番／ハニカムダーニング

6 ミシン糸(3本取り)／フランス刺しゅう針9番／(**6-1**)ハニカムスター(**6-2**)ブランケットステッチ

7 25番フランス刺しゅう糸(2本取り)／フランス刺しゅう針3番／(**7-1**)フランケンダーニング(**7-2**)平行移動ハニカム

8 8番フランス刺しゅう糸／フランス刺しゅう針3番／(**8-1**)平行移動ハニカム(**8-2**)ハニカムスター(**8-3**)フランケンダーニング(**8-4**)裏から四角のハニカムダーニング

9 リネン刺しゅう糸／フランス刺しゅう針3番／ブランケットステッチ

10 刺し子糸／フランス刺しゅう針3番／平行移動ハニカム

11 中細毛糸／フランス刺しゅう針5番／ハニカムダーニング

12 並太毛糸／タペストリー針18番／タンバリンダーニング、ハニカムフラワー

13 しつけ糸／フランス刺しゅう針9番／平行移動ハニカム

14 刺し子糸(段染め)／フランス刺しゅう針3番／平行移動ハニカム

15 モヘア毛糸(段染め)／フランス刺しゅう針3番／ハニカムダーニング

16 極太毛糸／タペストリー針18番／(**16-1**)フランケンダーニング(**16-2**)ハニカムフラワー(**16-3**)タンバリンダーニング

Technique まずはこれだけ！①

ブランケットステッチ

ブランケットステッチは、本書でご紹介するさまざまなダーニングの元となるテクニックです。裾や袖口など縁の補修に最適です。

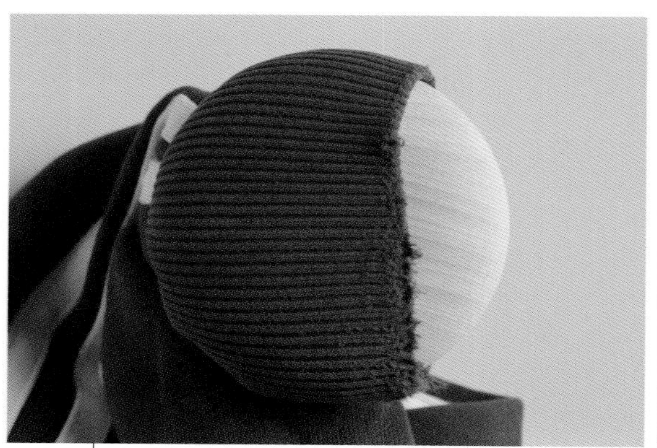

1 ダーニングマッシュルームが3分の1ほど見えるように袖口をあて、ヘアゴムで固定します。

2 約50cmの糸を針穴に通したら、すり切れた部分の表側から針を刺し、約5mm生地をすくって裏から針を出します。生地をすくう幅はお好みでかまいません。

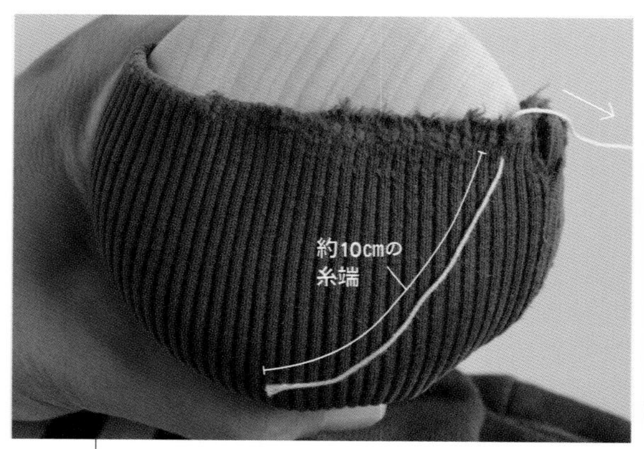

3 糸を引き、約10cm糸端を残します。

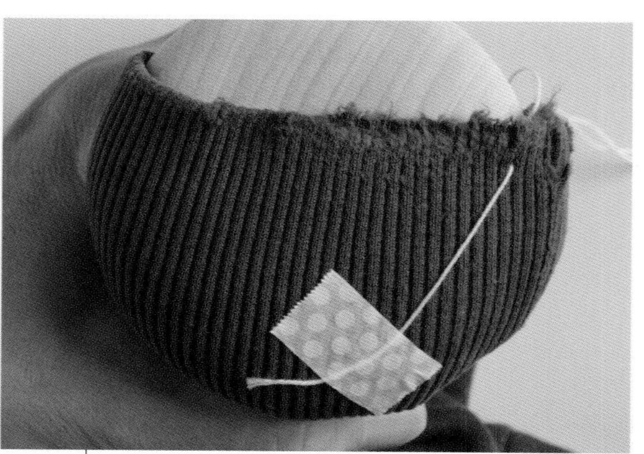

4 残した糸端をマスキングテープでとめます。糸端がブラブラしないので作業しやすくなります。

用意するもの
8番フランス刺しゅう糸(赤)
刺し子糸(白)
フランス刺しゅう針3番

5 約2mm進行方向(ここでは左側)に針を刺して裏から出し、糸を針の後ろ側に右から左にかけます。

6 糸を引いたら、**5**と同じように約2mm進行方向に針を刺し進めていきます。この時、引っ張りすぎないことが大切です。

7 **5**と**6**を繰り返して、すり切れている最後のところまで刺し進めます。

8 生地の裏側で糸始末をします。裏側に出ている縫い目、7〜8目に針をくぐらせます。

9 糸を引いたら、糸端をはさみで短く切ります。マスキングテープで止めていた刺し始めの約10cmの糸端も同様に糸始末をします。

After

ブランケットステッチの完成です。

POINT! 糸が足りなくなったらP34の**14**〜**16**の要領で糸替えをします。

After

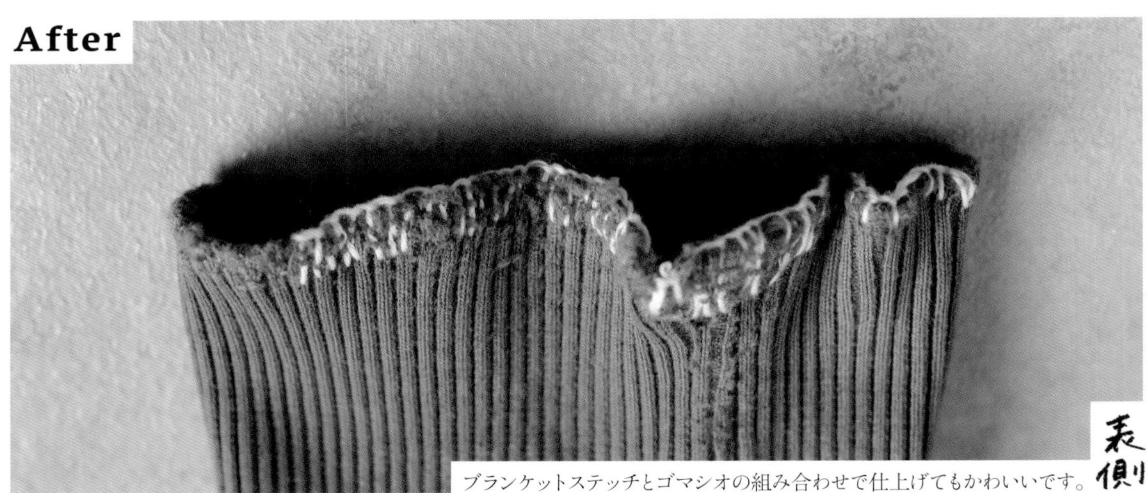

ブランケットステッチとゴマシオの組み合わせで仕上げてもかわいいです。表側

あえて糸処理をせず、糸端を残したまま完成させるのもよいでしょう。表側

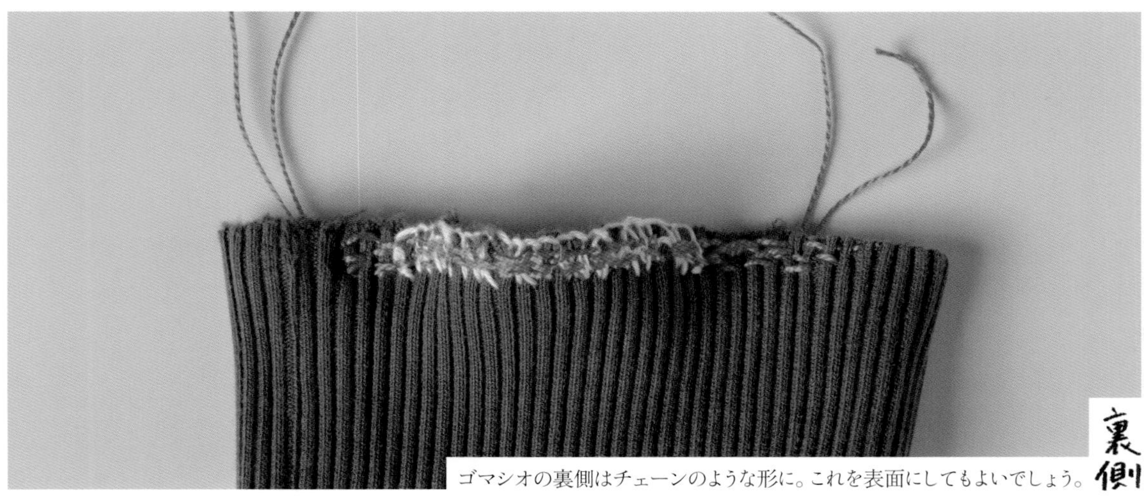

ゴマシオの裏側はチェーンのような形に。これを表面にしてもよいでしょう。裏側

Technique まずはこれだけ！②

ゴマシオダーニング

ゴマシオのようなつぶつぶの表情がかわいい「ゴマシオダーニング」。小さなシミや軽いすり減り、生地の補強をする時に役立つテクニックです。ゴマシオは、並縫いより伸縮性に富んでいます。

Tシャツについた小さなシミ

Before

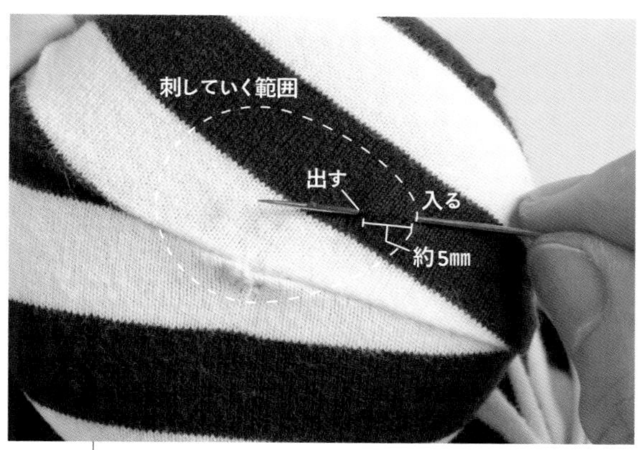

1 傷みやシミのある場所から約1cm離れたところに針を刺し始めます。右から左に約5mm針をすくって出します。

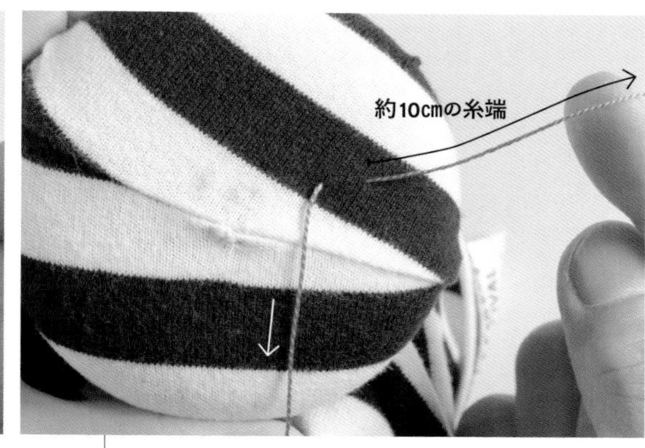

2 糸を引き、糸端は約10cm残します。

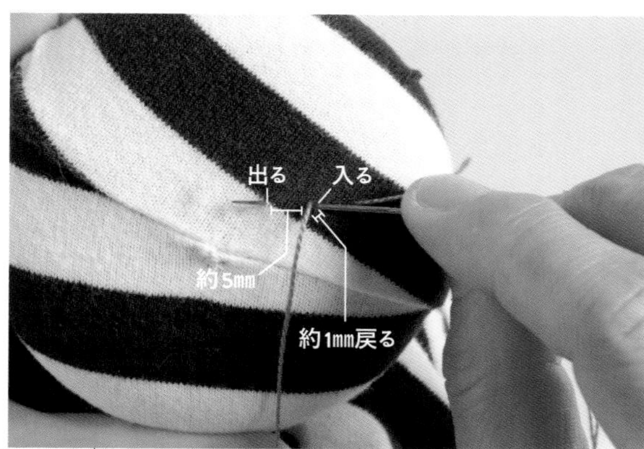

3 約1mm戻ったところに針を刺し、右から左へ約5mmすくって出します。

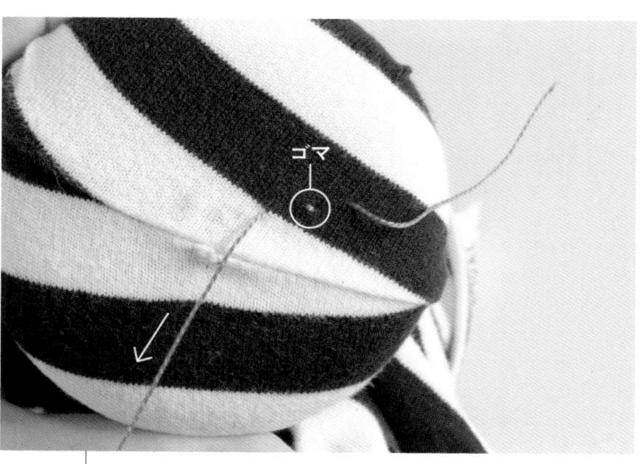

4 ゴマが1つできます。

POINT! 人差し指分の長さは約10cmになるので、これを目安にすると便利です。

※本書は「ゴマシオダーニング」をすべて「ゴマシオ」と明記します。

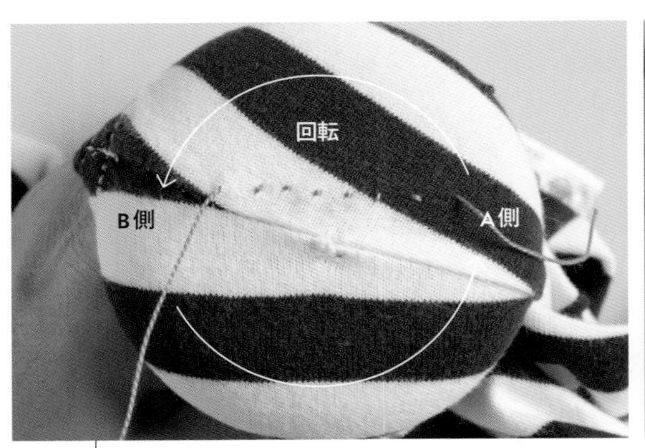

5 ゴマシオができたら、ダーニングマッシュルームを180℃回転させます。

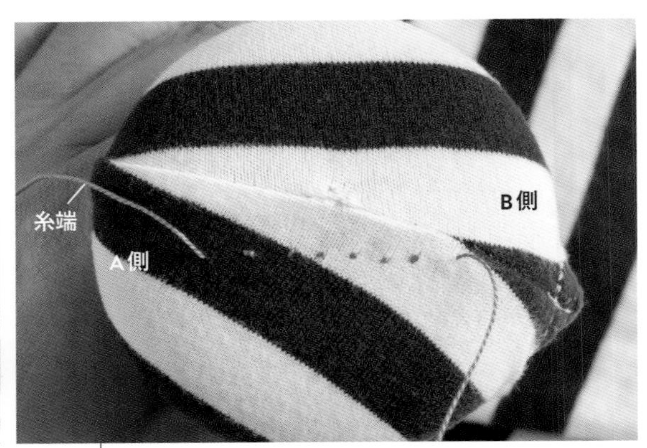

6 ここから2列目が始まります。

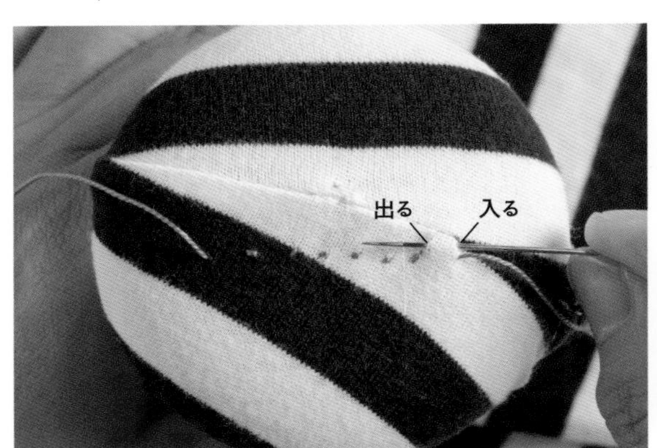

7 1列目の約1㎜上に針を刺し、右から左へ約5㎜進んだところから針を出します。3〜6を繰り返します。

8 刺したい範囲にゴマシオを施します。

9 ゴマシオを刺し終えたら、ヘアゴム、ダーニングマッシュルームを外し、糸始末をします。すべての糸端を裏に出します。

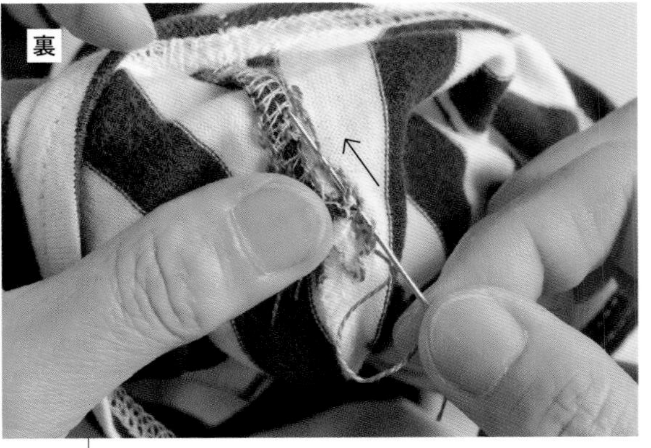

10 裏にある縫い目、5〜6目に針をくぐらせます。

POINT! 2列目、3列目のゴマは、1列目に作ったゴマのすぐ隣に並べても、バラバラに刺してもかまいません。

用意するもの
8番刺しゅう糸(青)
刺し子糸(赤・白・青の段染め)
フランス刺しゅう針3番

11 糸を引き、糸端を短くはさみで切ります。

違う色の糸でゴマシオダーニング

色を足したい場合は、お好みの糸でゴマシオを刺し足します。

After

糸の色を変えると、さりげないポイントができます。

裏側からゴマシオダーニングをして、これを表に出してもかわいい。

バツダーニング

Technique

特に小さい穴やシミは、「バツ」のダーニングがおすすめ。穴がないところにも数ケ所「バツ」をちらしてもいいでしょう。

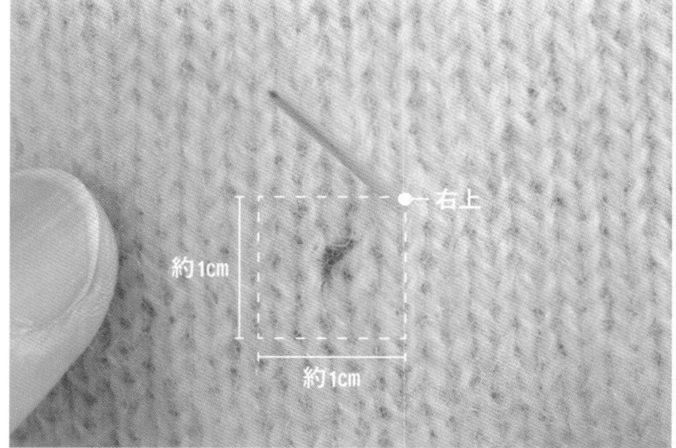

1 針穴に約20cmの糸を通して玉結び(詳細P98)をします。ダーニングマッシュルームはあてずに、穴から約5mm右上の位置に生地の裏から針を出します。

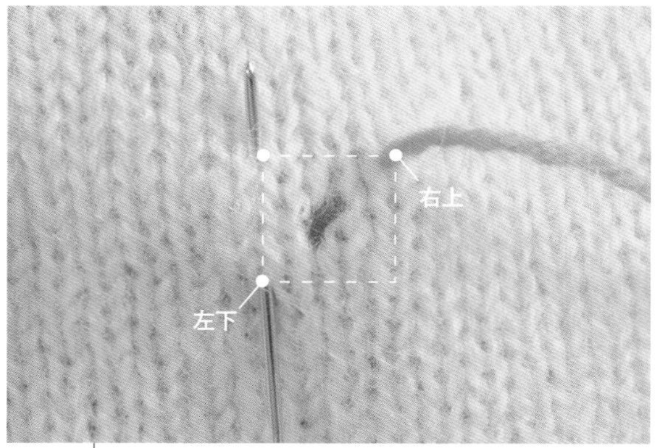

2 **1**の糸を引いた後、穴から約5mm左下に針を刺し、約1cm左上に出します。

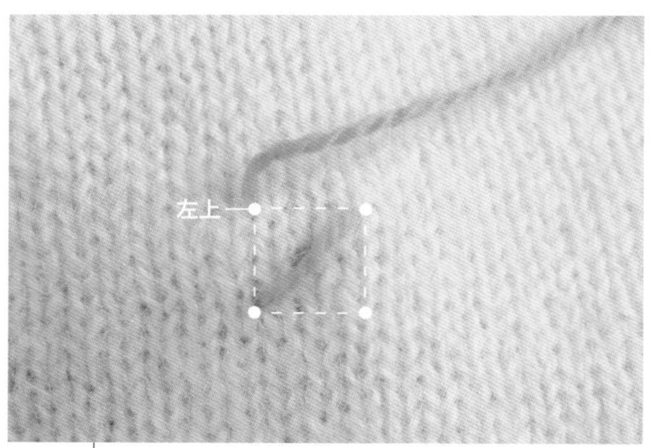

3 糸を引くと、斜めの線ができます。

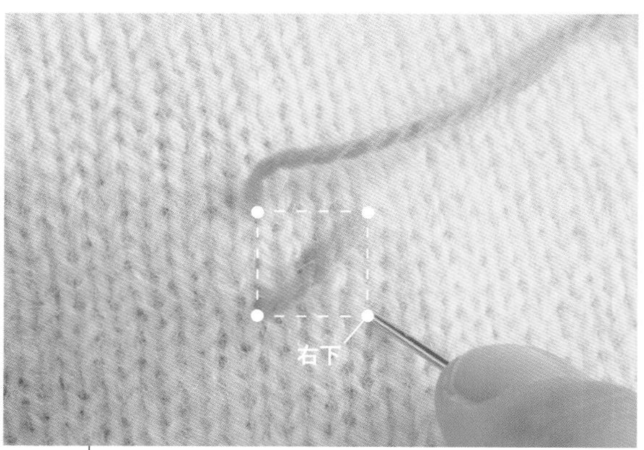

4 右下に針を刺したら「×」の完成。

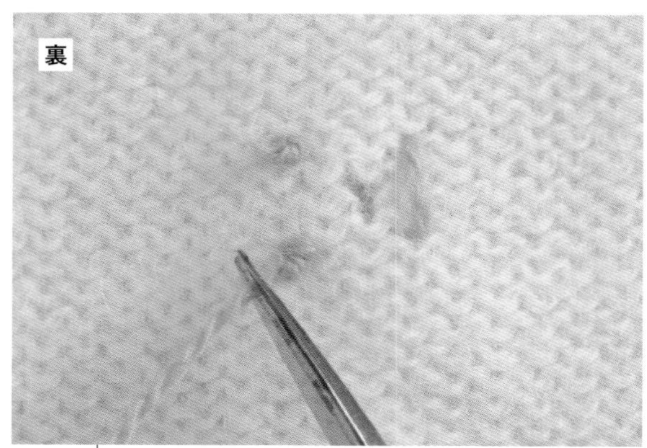

5 生地を裏返し、糸端は玉止め(詳細P99)をしたら出来上がりです。

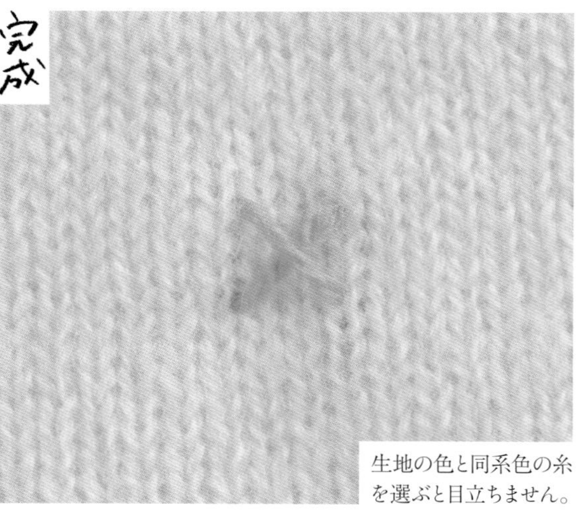

生地の色と同系色の糸を選ぶと目立ちません。

*「バツ」と「コメ」のダーニングは、オーストラリアのダーニングクリエイターErin Lewis-Fitzgeraldさんから教わったテクニックです。

Technique

コメダーニング

「コメ」のダーニングは、「バツ」のダーニングの応用編。短時間で簡単に出来上がるので、覚えておくと便利です。

1 針穴に約20cmの糸を通して玉結びをします。ダーニングマッシュルームはあてずに、穴から約5mm右上に生地の裏から針を出します。

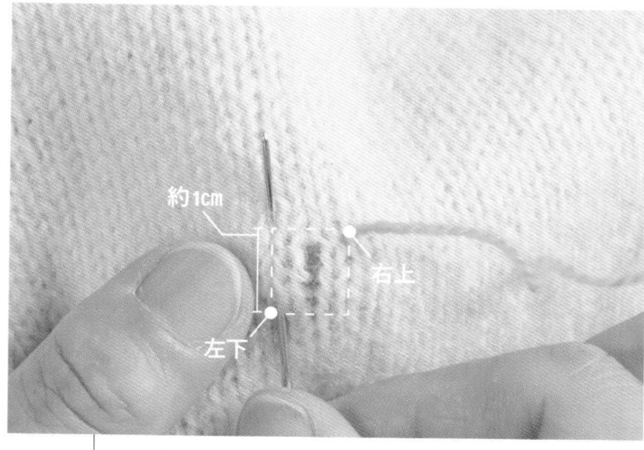

2 1の糸を引いた後、穴から約5mm左下に針を刺し、約1cm左上に出します。

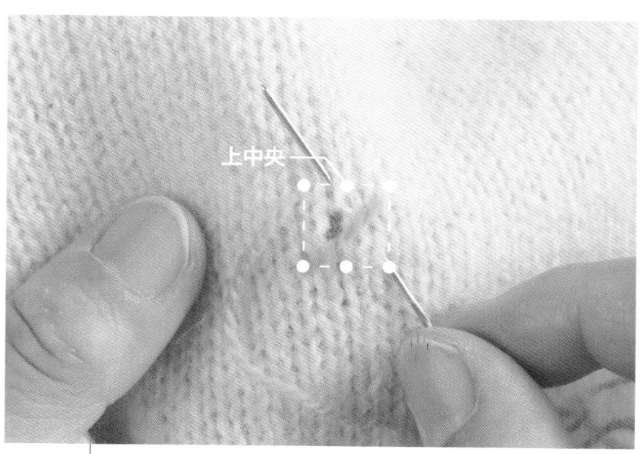

3 糸を引き、穴から約5mm右下に針を刺し、上中央から針を出して、糸を引きます。

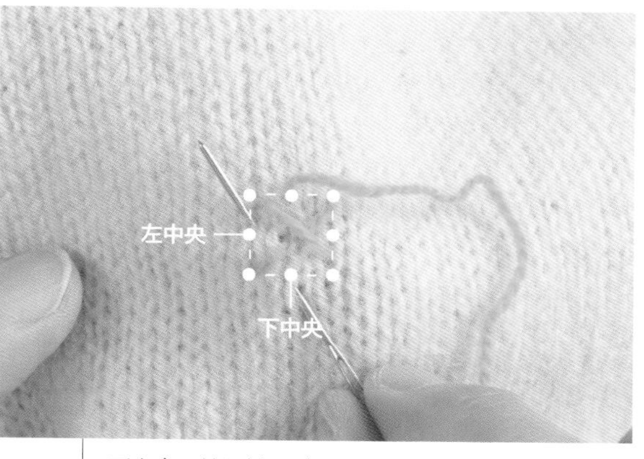

4 下中央に針を刺し、左中央から針を出して、糸を引きます。

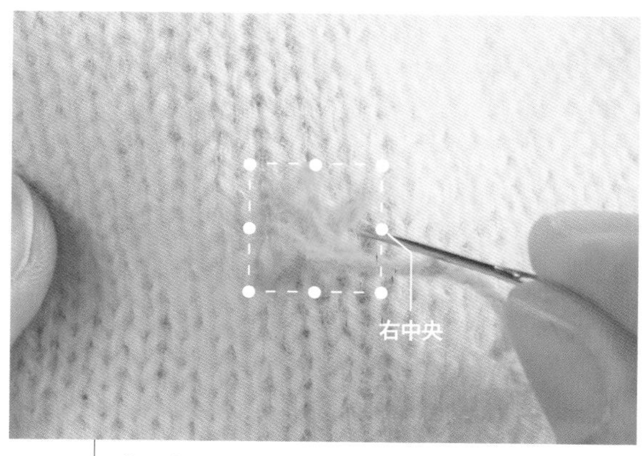

5 右中央に針を刺し、生地の裏側で玉止めをしたら終了です。

完成

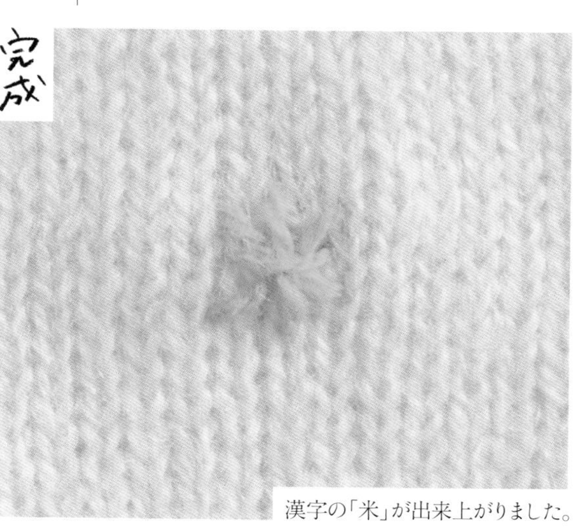

漢字の「米」が出来上がりました。

ハニカムダーニング

Technique

はじめてさんでも上手くいくテクニックが「ハニカムダーニング」。ハニカムダーニングは、ブランケットステッチを丸く外側から中心に向かって刺していく方法です。

カーディガンにあいた穴

Before

1 生地の裏からダーニングマッシュルームをあて、根元にヘアゴムをかけて固定します。(詳細P18)

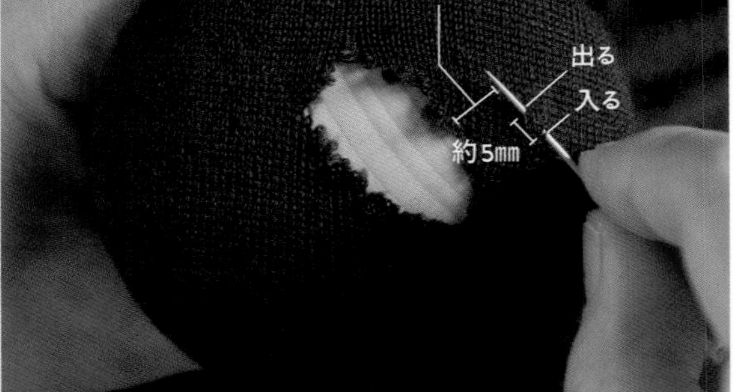

2 穴から約1cm外側にゴマシオで輪郭を取ります。まずは約5mm生地をすくって、針を出します。

3 糸を引き、糸端は約1cm残します。

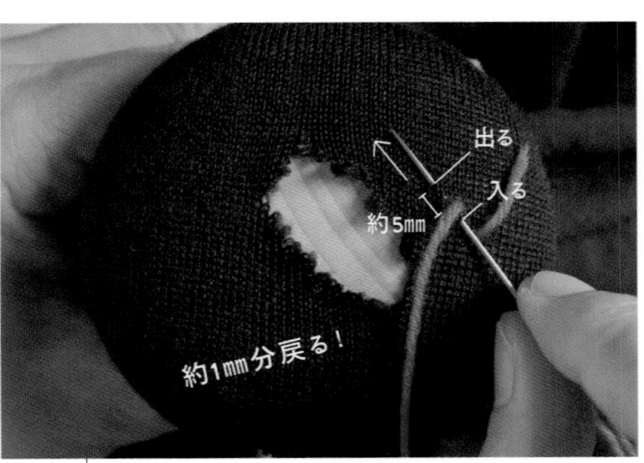

4 約1mm戻って、針を反時計回りに約5mm先のところに出します。

POINT! 輪郭を取らずに始めてもかまいません。また、ここではゴマシオで輪郭を取っていますが、並縫いでもよいです。

用意するもの
太レース編み用糸(緑)
中細羊毛毛糸(黄)
並太羊毛毛糸(赤)
極細毛糸(黄緑)
フランス刺しゅう針3番

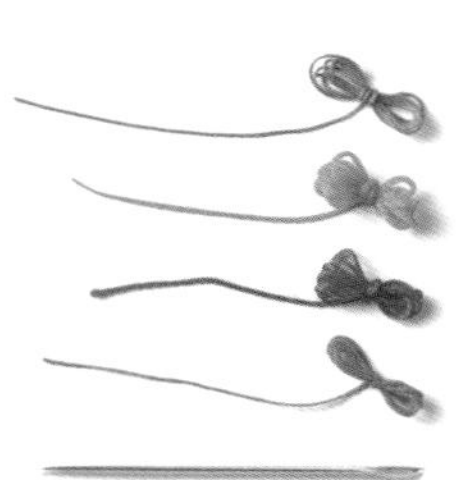

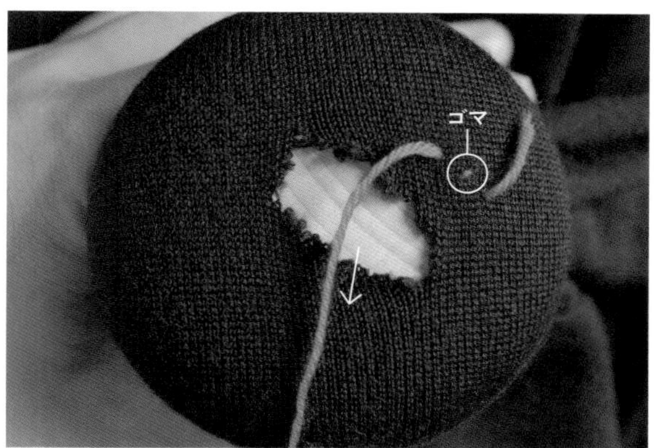

5 針を出して糸を引きます。糸を引くとゴマが1つできます。

6 4のように、約1mm戻って5mm針を刺し進める工程を繰り返します。

7 ゴマシオで1周輪郭を刺し終えたら、ゴマAに生地の下から針を刺し出します。

8 ゴマAの根元に針を刺し、ゴマBに生地の下から針を刺し出します。

9 最初の糸端をはさみで切ります。

ブランケットステッチを始める

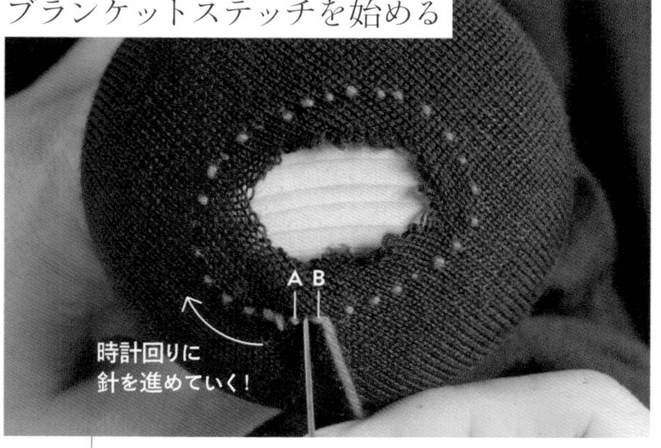

10 ゴマBとゴマAの間に針を刺します。

POINT! ここでは時計回りに刺し進めていますが、反時計回りでもかまいません。

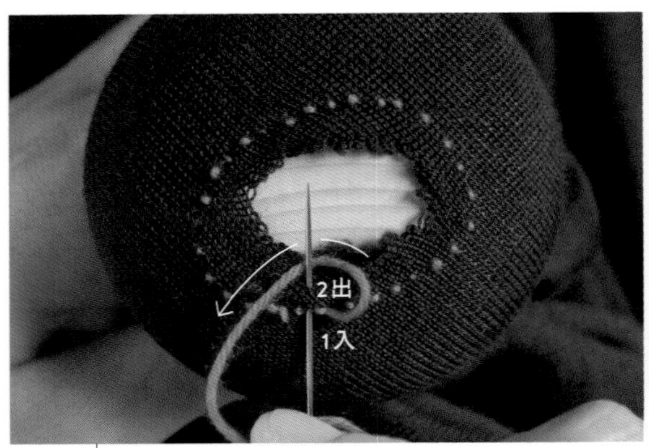

11 中心に向かって約5mmのところに針を出し、針の後ろ側に右から左に糸をかけます。

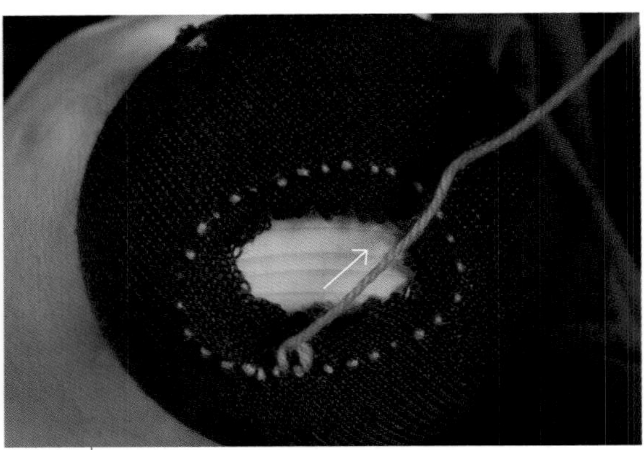

12 糸を引きます。この時、引っ張りすぎないようにします。

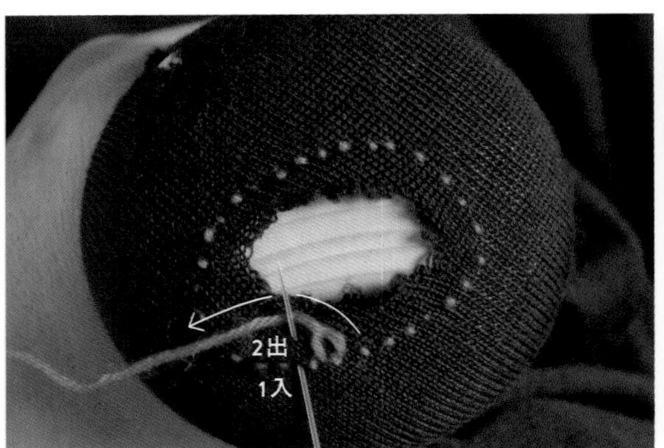

13 左隣のゴマとゴマの間に針を刺し、中心に向かって約5mmのところに針を出し、針の後ろ側に右から左に糸をかけます。すると、チェーン状の模様ができます。

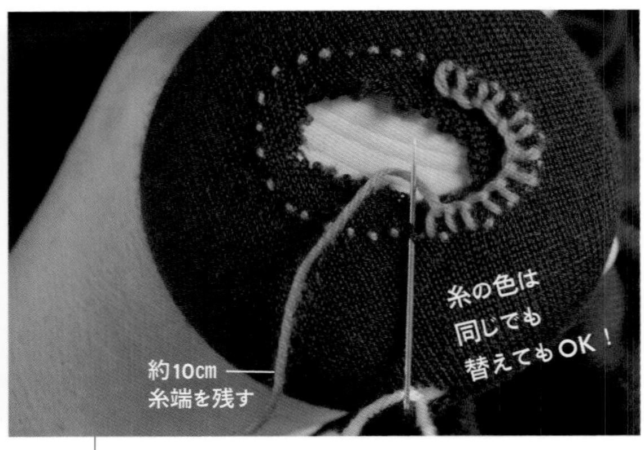

14 残りの糸が約10cmになったら、針から糸を抜きます。新しい糸(ここでは黄色の糸)を入れた針を右側のゴマとゴマの間に、中心に向かって1針刺します。

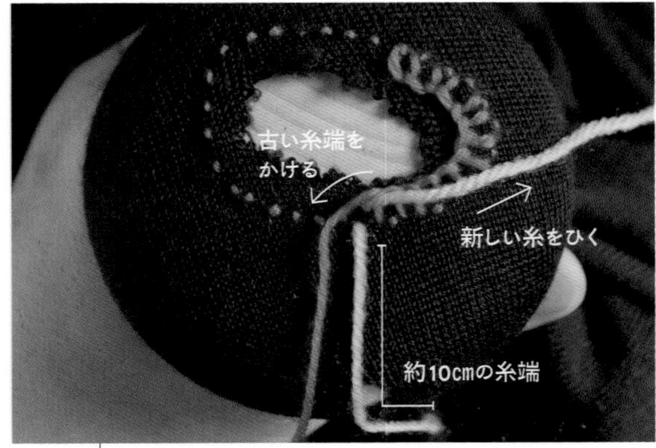

15 針の後ろ側に右から左に古い糸端をかけたら、新しい糸を引き、約10cm糸端を残します。

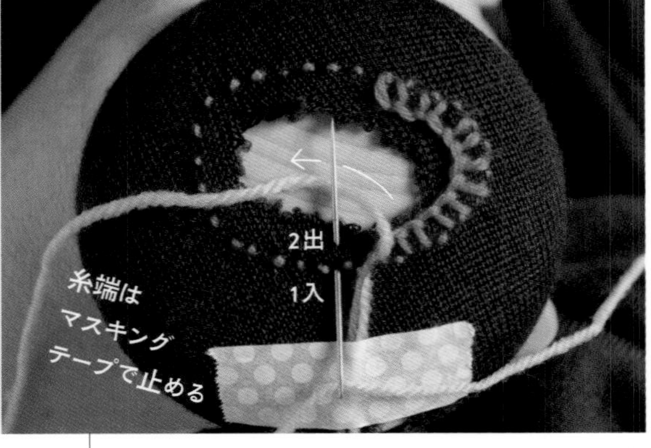

16 2本の糸端は、マスキングテープでとめておきます。左側のゴマとゴマの間に新しい糸を通した針を刺し、10〜13と同様に刺し進めます。

POINT! ゴマシオで輪郭を取らないで刺し始める場合は、約2〜5mm間をあけて刺し進めるのがおすすめです。

17 1周したら、最初のチェーンを針ですくいます。

18 糸を引いて、1周完成！

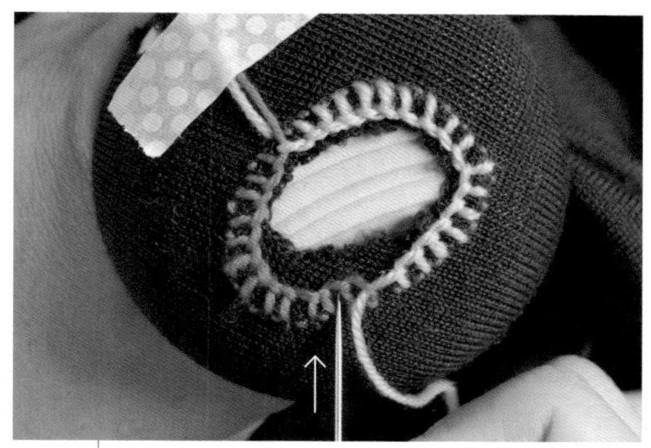

19 次に2周目を刺していきます。1周目でできた2つ目のチェーンの内側から約5mm中心に向かって針を刺します。

20 針先を出し、進行方向に向かって針の後ろ側に右から左に糸をかけます。

21 糸を引きます。

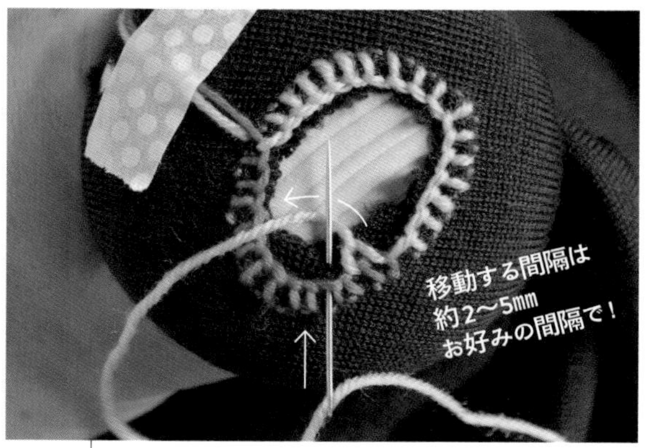

22 **19**と同様に、1周目のチェーンの内側から約5mm中心に向かって針を刺します。

POINT! 1周目のチェーンの目に惑わされず、2周目3周目は約2～5mmの間隔で刺し進めることが大切です。

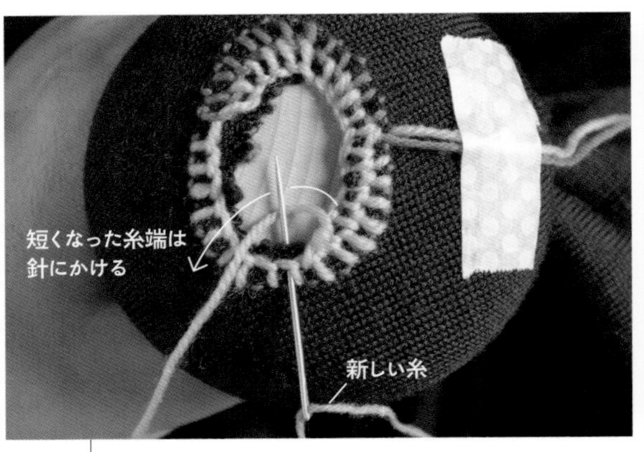

23 糸が短くなったら、針から糸を抜き、新しい糸を針穴に入れて刺していきます。この糸替えのタイミングで糸の色や種類を替えてもよいでしょう。

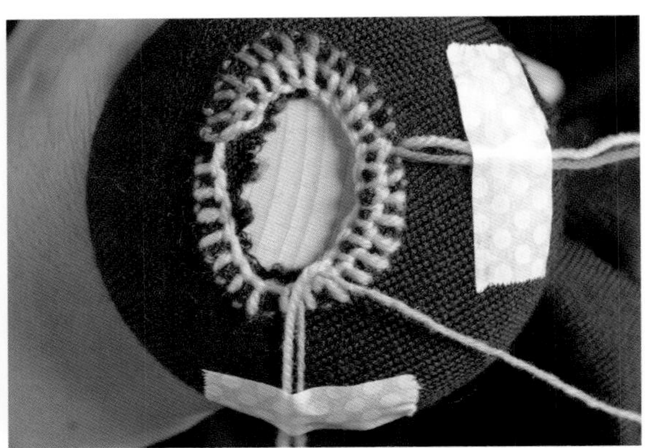

24 糸を引いて、古い糸端と新しい糸端を一緒にマスキングテープでとめます。

25 穴があいているところまできたら、前の周のチェーンをすくって中心に向かって針を刺し、糸をかけて引くを繰り返します。

26 穴を埋めるように細かく針を刺していきます。ただし、この時に糸をきつく引くと固くなりすぎるので、力加減には気をつけます。

27 穴のあきが小さくなり中心まできたら、糸を引きます。

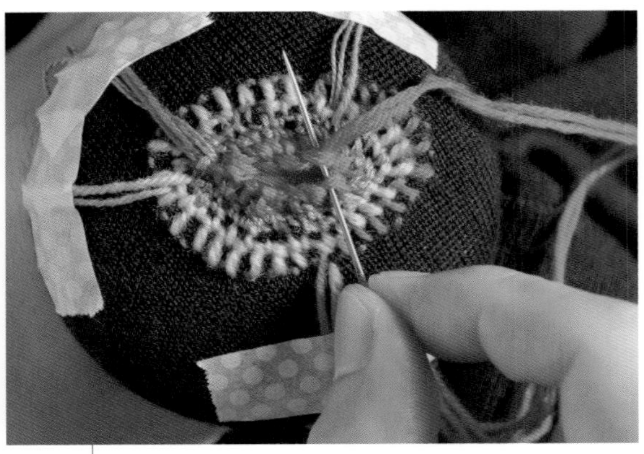

28 穴の上を横断するように、反対側のチェーンをすくい、穴が閉じたら完成。マスキングテープを外します。

After

服のデザインによっては、糸始末せずに、このまま終わりにしてもよいでしょう。

糸始末の方法はP38で詳しく解説しています。

POINT! ハニカムダーニングを穴に刺す場合は、常に前の周、または前の前の周のチェーンをすくいます。糸を引きすぎると固くなることがあるので、注意しましょう。

糸始末

Technique

糸始末はダーニングを終え、すべてのマスキングテープを外した後に行います。

1 糸端を針穴に通します。糸端が出てきている部分のすぐ隣に針を刺します。

2 生地を裏返し、裏側に糸を引き出します。

3 お好みの縫い目、5〜6目に針をくぐらせます。

4 糸を引き、糸端をはさみで短く切ります。

5 すべての糸端は**1**〜**4**と同様に糸始末をします。

完成 すべての糸端を切り終えたら完成です。玉結びなどをしなくても、糸が外れることはありません。

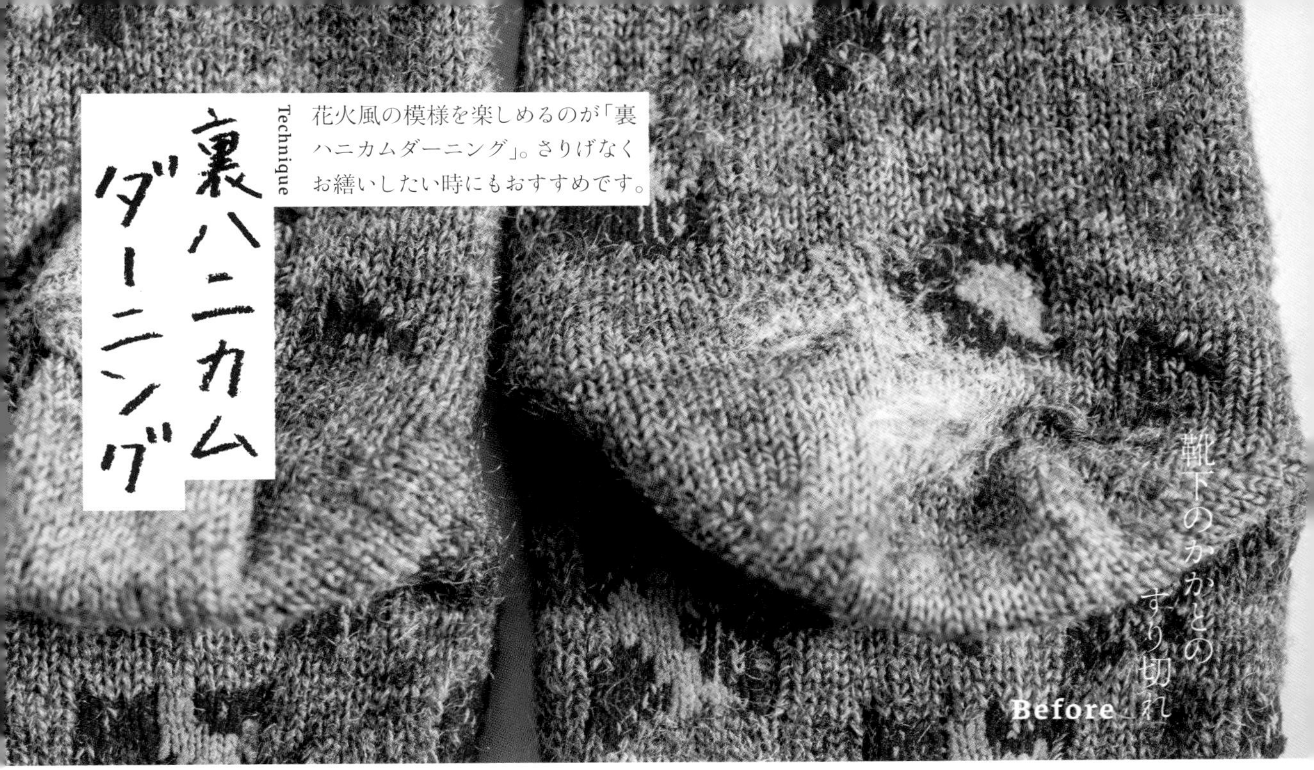

Technique

裏ハニカムダーニング

花火風の模様を楽しめるのが「裏ハニカムダーニング」。さりげなくお繕いしたい時にもおすすめです。

靴下のかかとのすり切れ

Before

1 靴下を裏返して、ダーニングマッシュルームをあて、ヘアゴムで固定します。すり切れ範囲から約1cm外側に輪郭となるラインを書きます。

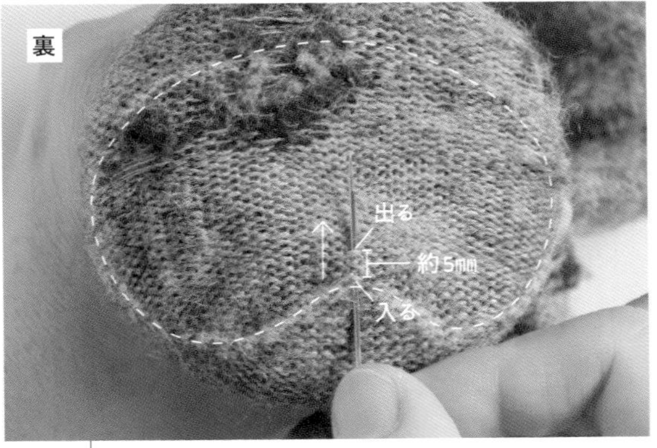

2 どこからスタートしてもかまいません。輪郭のラインに針を刺し、中心に向かって約5mmのところで針を出します。

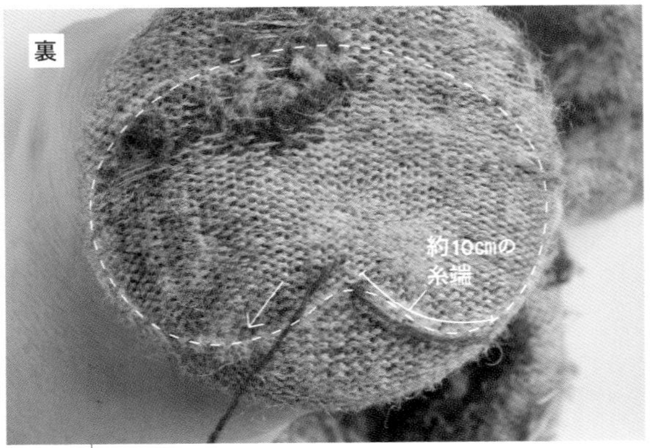

3 糸を引いて、あとで糸始末できるように約10cm糸端を残します。

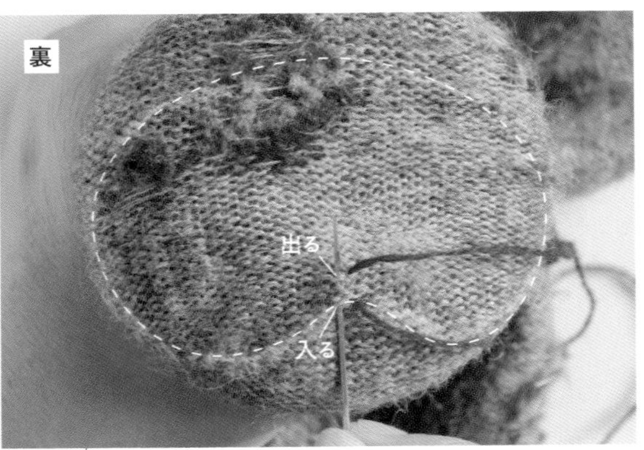

4 約2〜3mm左側に針を刺し、中心に向かって約5mmのところで針を出します。

POINT! ダーニングは、針を刺す方向にルールはありません。時計回りでも反時計回りでも、やりやすい方向に刺し進めてください。

5 進行方向に針の後ろ側を通して糸をかけます。

6 糸を引きます。この時、糸を引っ張りすぎないことが大切です。

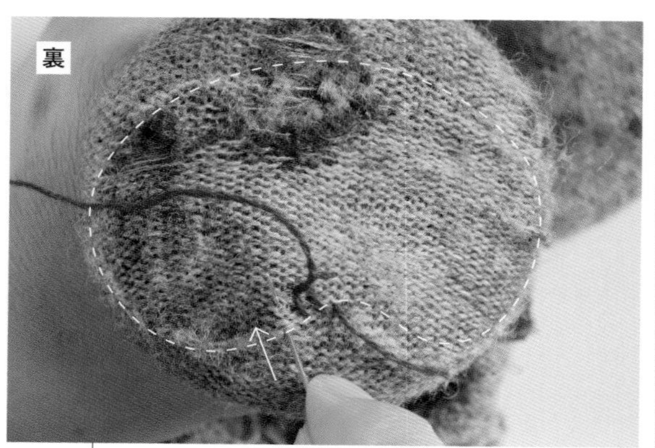

7 輪郭のラインに沿って、**4**〜**6**を繰り返し、刺し進めます。

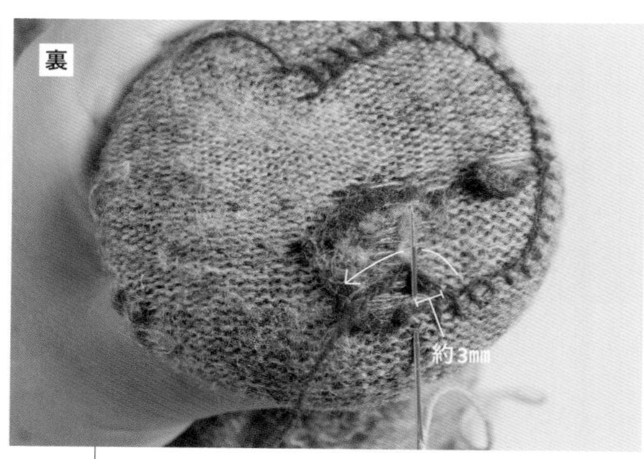

8 糸が短くなったら針から糸を外し、新しい糸を通した針を約3mm左側に刺して、中心に向かって針を出し、古い糸端を針の後ろ側で進行方向にかけます。

9 古い糸端と新しい糸端を一緒にマスキングテープでとめます。

10 輪郭のラインに沿って、**4**〜**6**と同様に針を刺し進めます。

用意するもの
中細羊毛毛糸(黄土)
ウール刺しゅう糸(臙脂、茶)
フランス刺しゅう針3番

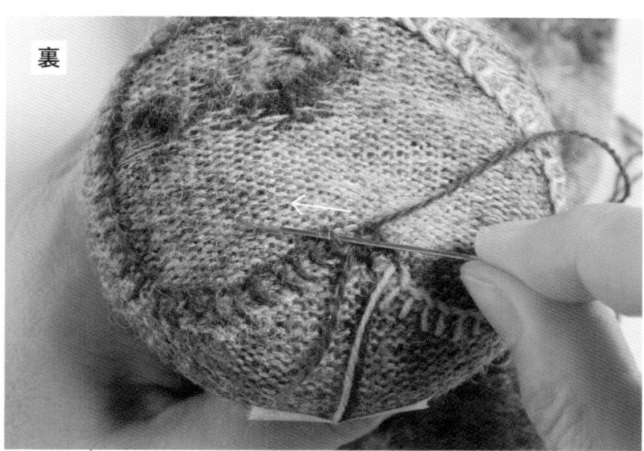

11 1周したら、1針目のチェーンを針ですくい、糸を引きます。

12 これで1周目が完成です。

13 1針目のチェーンから中心に向かって生地を約5mmのところで針を出し、進行方向に針の後ろ側を通して糸をかけ、刺し進めていきます。

糸始末を同時に行う

14 1周目の途中で糸替えをした際の糸端(P40の**9**の部分)まで刺し進めたら、マスキングテープを外し、糸端はチェーンに沿って置きます。

15 チェーンに沿った糸端の外側から中心に向かって、針を刺していきます。ここで一緒に針を刺すことで、糸始末を同時に行います。

16 すき間がなくなるまで刺し続けます。刺し終えたら、チェーンに約5目針をくぐらせて糸を引き、糸端をはさみで短く切ります。

POINT! **14**、**15**の糸始末の方法は、すべてのブランケットステッチ系のテクニックに使えます。

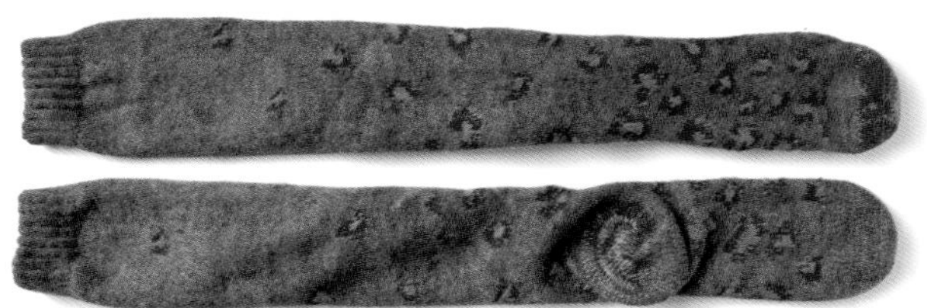

After

かかとの部分は花火風の模様に仕上がります。表側

ダーニングマッシュルームを外した時の形。履き心地もよい仕上がりです。裏側

POINT! 柄に使われている色に似た色の糸を使うと、より馴染んだ印象に仕上がります。

Technique

タンバリンのような円形でブランケットステッチを外側に向かってぐるぐると広げていくのが、「タンバリンダーニング」です。さりげないポイントにしたり、好きなだけ円を広げたりしていくこともできます。すり減りの他に小さなシミにも便利なテクニックです。

デニムの膝部分のすり減り

Before

出る
中心
入る

1 生地のすり減りの中心から刺していきます。1針目は時計の針の12時の方向に向かって刺し、約1cm生地をすくって出します。

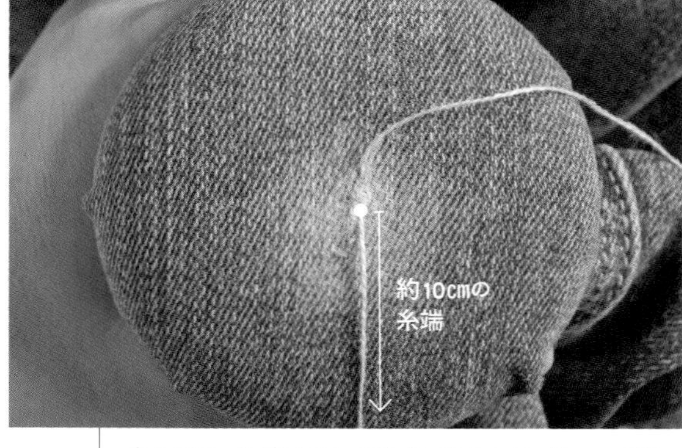

2 糸を引き、糸端はあとで始末できるように約10cm残し、マスキングテープでとめます。

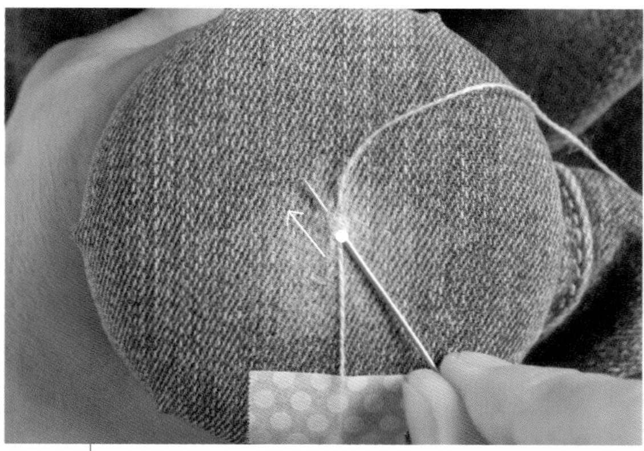

3 1針目を刺した中心の穴に2針目を刺し、時計の針で11時の方向に向かって刺し、約1cm生地をすくって出します。

4 出した針の後ろ側を通して、右から左に糸をかけます。

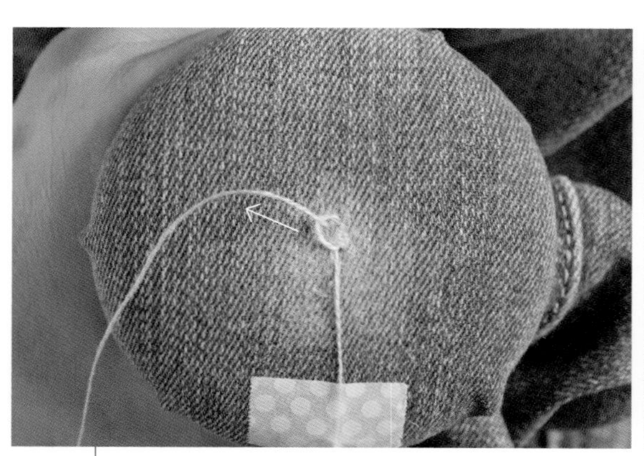

5 糸を引くと、ハートの左半分のような形ができます。この時、糸を引っ張りすぎないことが大切です。

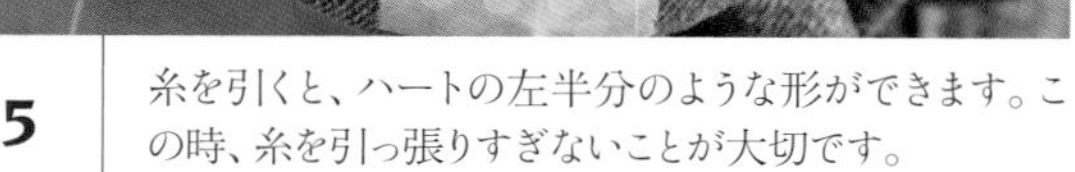

6 再び中心に針を刺し、今度は10時の方向に出して糸をかけます。同じように、9時の方向、8時の方向……と、反時計回りで円を描くように1周ぐるりと刺します。

7 1周刺し終えたら、赤印の部分に針を生地の裏からすくい出し、すぐ横に針を入れます。反時計回りで次の赤印からまた針を出し、すぐ横に針を入れます。

8 赤印の部分すべてに針を刺します。

9 1周刺し終えたら、糸を引きます。これをやることで、外周の糸が円の形として保てます。

10 糸始末をします。ダーニングマッシュルームを外して、生地の裏面にすべての糸端を出します。

POINT! 穴があいているところに「タンバリンダーニング」はできませんが、あて布をして穴をふさげば、刺すことができます。

用意するもの
麻の刺しゅう糸(藤、ライトブルー)
フランス刺しゅう針3番

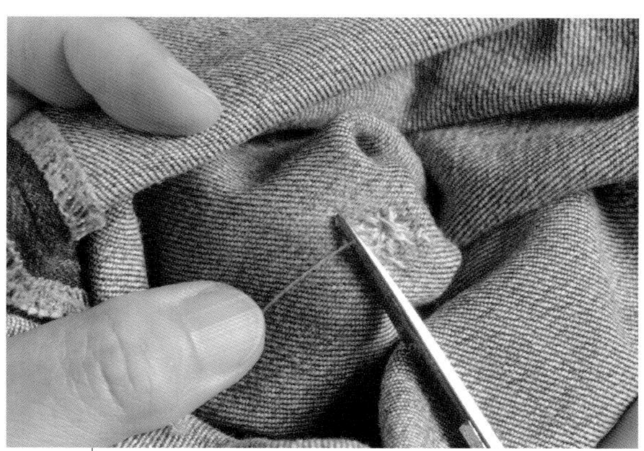

11 縫い目4〜5目をすくって糸を引いたら、糸端をはさみで短く切ります。

2つ目のタンバリンを刺す

12 もう1ヶ所のすり減りは、裏面で大きいサイズのタンバリンダーニングを**1**〜**6**と同じように刺しました。

13 1周目を刺し終えたら約2mm左の外周内側に針を刺し、約5mm生地をすくって出し、糸を針の後ろ側で右から左にかけます。

これはNG

写真のように中心から外れて針を刺すと、放射状には広がりません。

糸替え

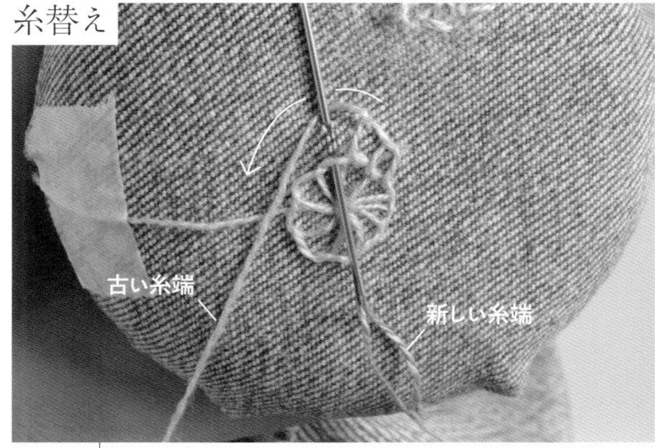

14 糸端が約10cmになったら、針から糸を抜いて、糸替えをします。新しい糸で生地をすくって出し、短くなった古い糸端を針の後ろ側で右から左にかけます。

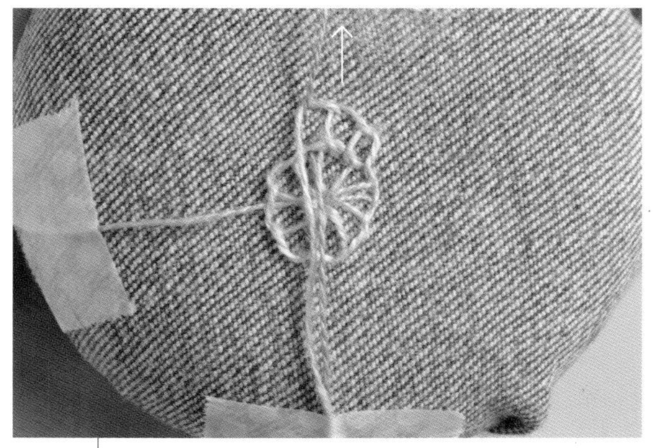

15 糸を引きます。新しい糸端と針から糸を抜いた古い糸端は、一緒にマスキングテープでとめます。

16 糸始末をします。お好みの大きさまで刺し終えたら、すべての糸端は縫い目、5〜6目に針をくぐらせて、糸を引きます。

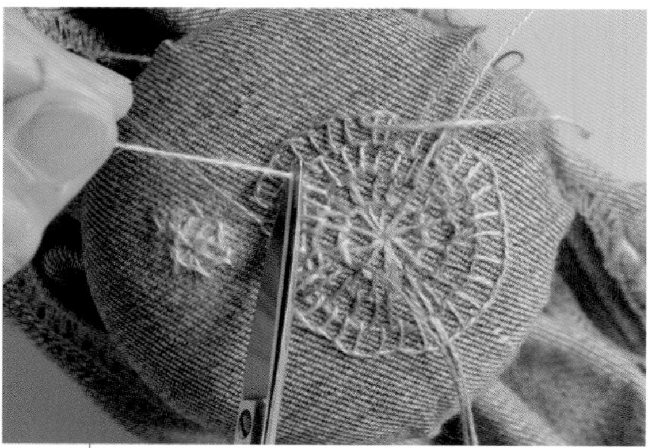

17 くぐらせた糸の端をはさみで短く切ります。P41の**14**〜**15**の糸始末をしてもよいでしょう。

After

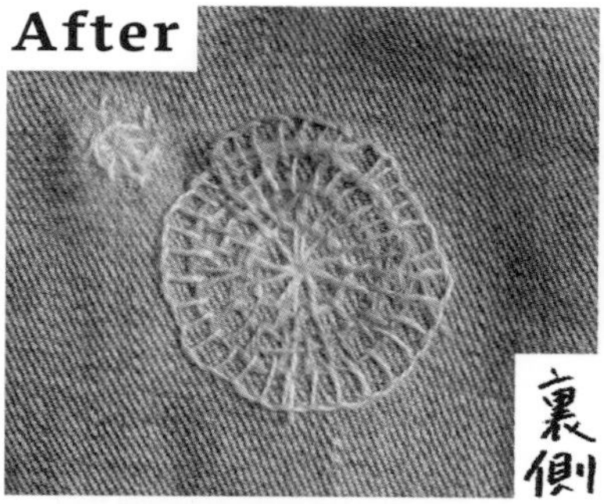

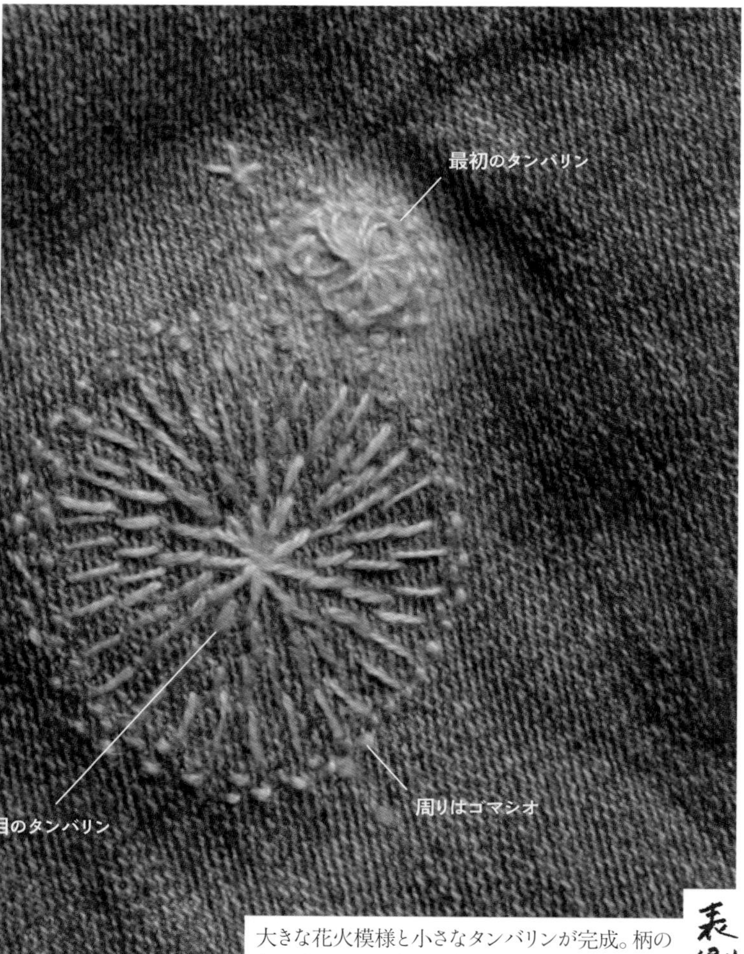

大きな花火模様と小さなタンバリンが完成。柄の組み合わせは、洋服に合わせて自由に楽しめます。

Chapter 2 ストーリーのあるダーニング

全国各地からお繕いしたいものを集めました。
家族の思い出が詰まった洋服、愛着のある靴下、
子どもの代まで引き継ぎたいコート。
捨てられずにいる大切なものを
「ブランケットステッチ」と「ゴマシオ」の
テクニックでお繕いしました。

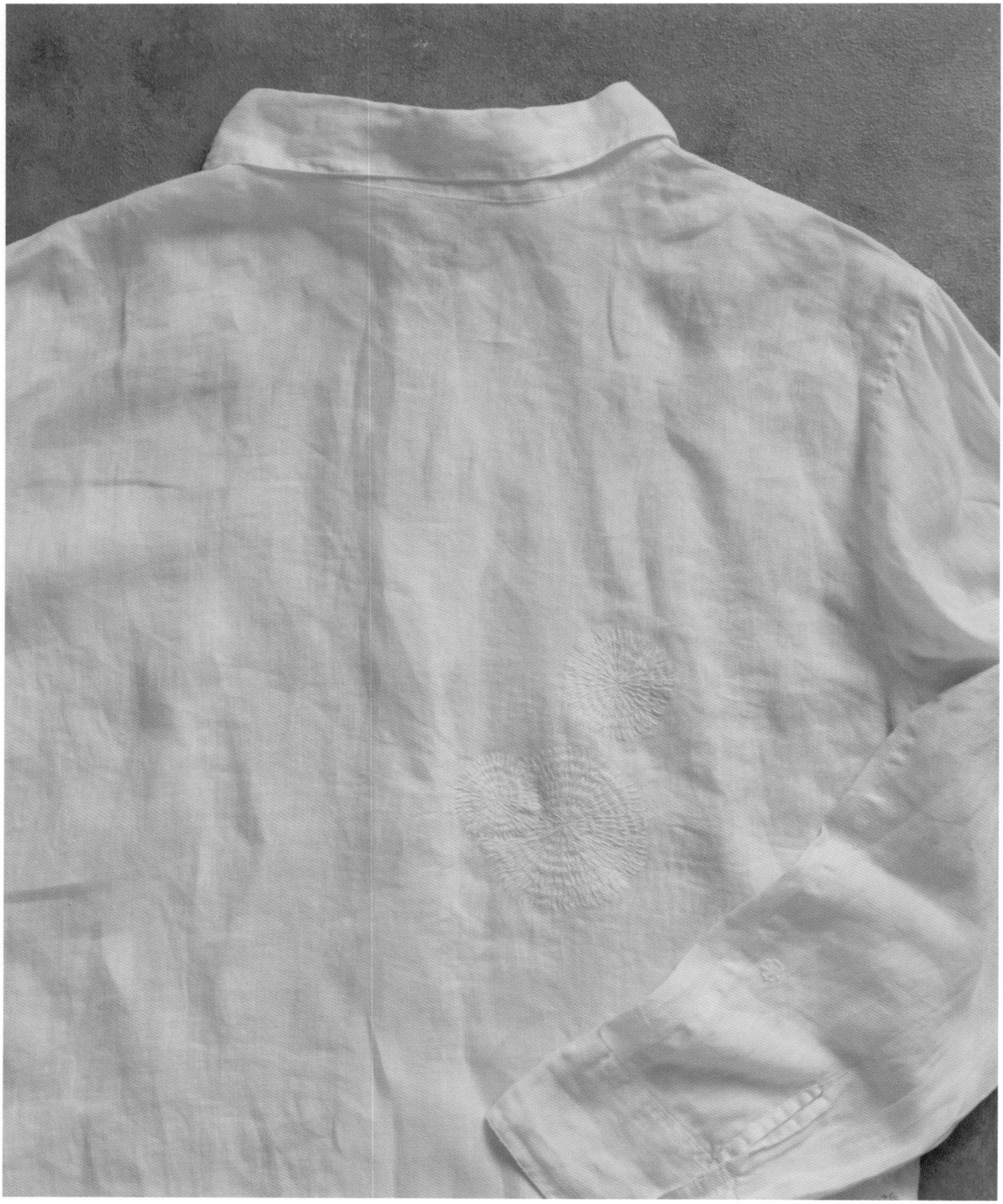

憧れのブランドのロングシャツ

Before
背面のすり切れと
点々のシミ

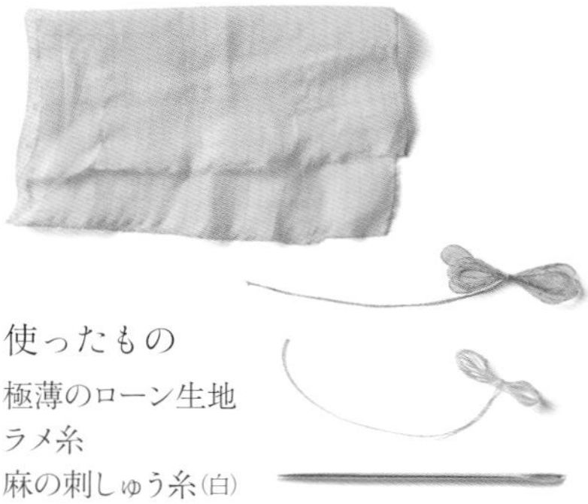

使ったもの
極薄のローン生地
ラメ糸
麻の刺しゅう糸(白)
フランス刺しゅう針3番

高校の卒業アルバム用に、憧れだったブランドの
シャツを初購入した有紀さん。美大を卒業して写真家になり、
40代の今も大切に着ています。しかし先日、撮影中に
生地がかすれてしまいました。

After

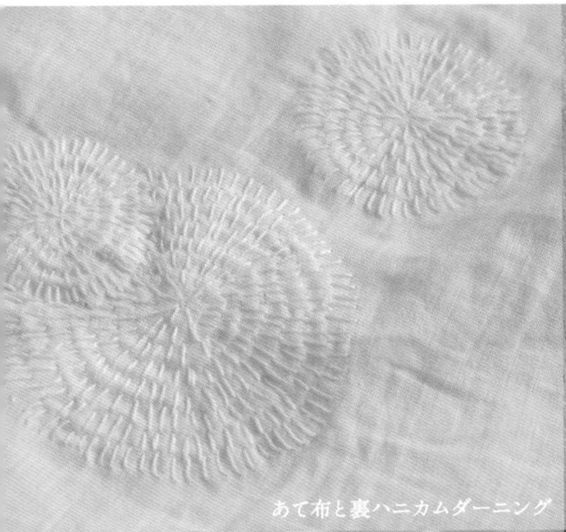

あて布と裏ハニカムダーニング

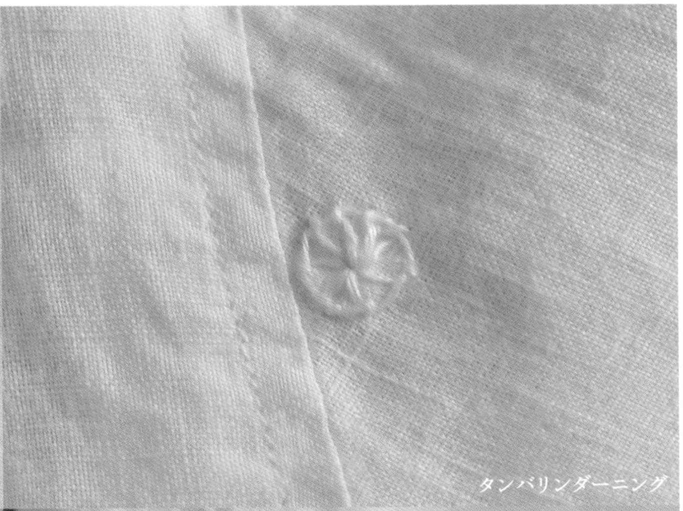

タンバリンダーニング

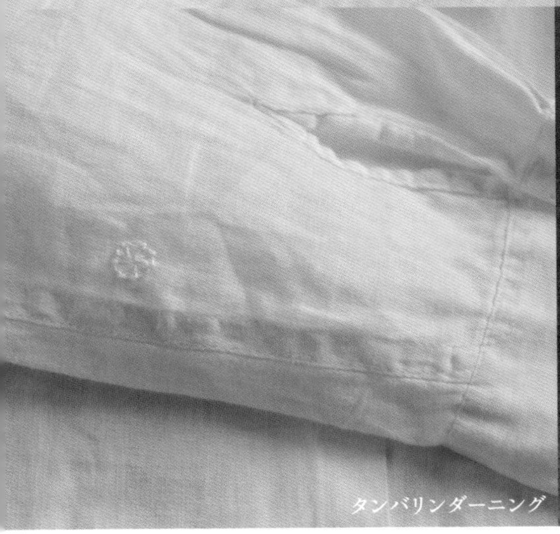

タンバリンダーニング

ゴマシオ

白い生地に白い糸で、タンバリンダーニングを

背面のすり切れた部分には、丸く切った極薄のローン生地を裏からあてて、裏ハニカムダーニングを施しました。さりげなく仕上げたかったので、白い糸を使用し、大小の動きをつけながら刺しました。スリットの部分はラメ糸を使ってゴマシオでダーニングを、シャツの前側にあった小さな点々のシミは小さくタンバリンダーニングを施しています。

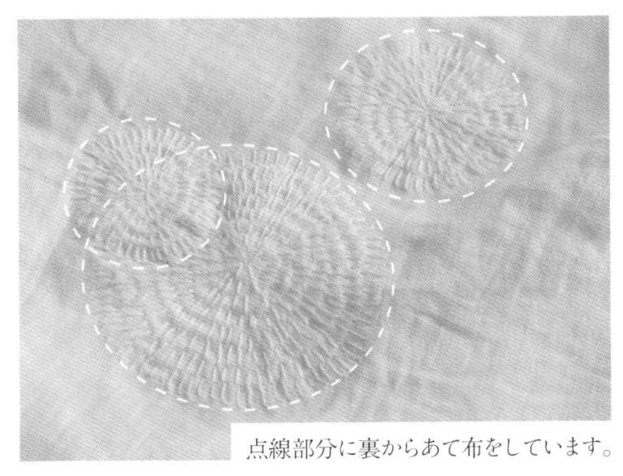

点線部分に裏からあて布をしています。

長い間着続けているTシャツ

柄がお気に入りで
ずっと着ているTシャツ。
ある時、気づいたら
生地に小さな穴があいていました。
ダーニング初心者の文香さん、
これを機にお繕いを
学びたいと考えています。

バツとコメ

Before

小さな穴

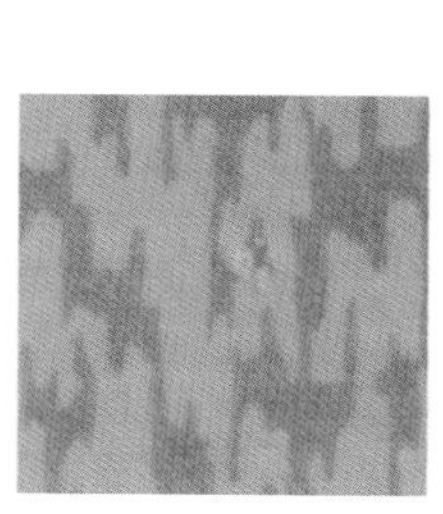

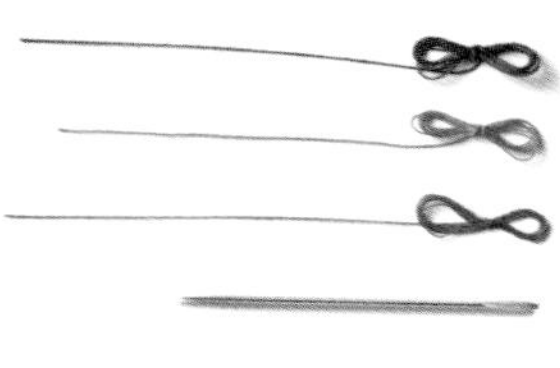

使ったもの

手縫い糸(太)(茶)
手縫い糸(細)(オレンジ、薄茶)
フランス刺しゅう針5番

After

バツとコメのダーニングをちりばめてキュートに

Tシャツと同系色の3色の糸を使って、バツとコメを刺しました。小さな穴は1ヶ所だけでしたが、あえてバツとコメをちりばめることで、お繕いした部分を強調しないようにしています。

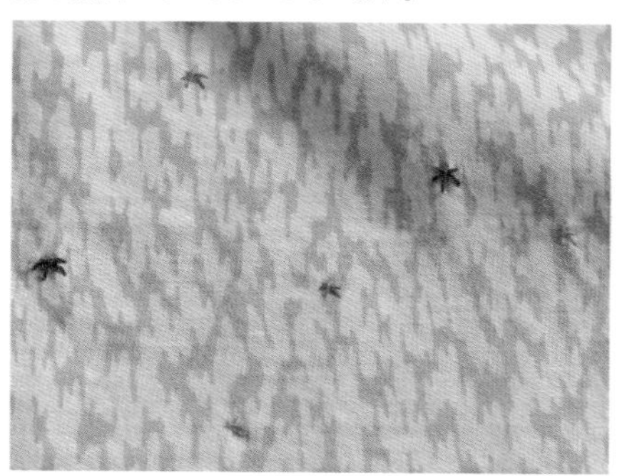

裕子さんが展示会で出会った
シルク素材の靴下。
草木染めの色彩が素敵で、
お守りのように
履き続けてきました。
今はご懐妊中。
生地が薄くなってきた靴下を
産後も愛用したいと考えています。

大切に履き続けた草木染めの靴下

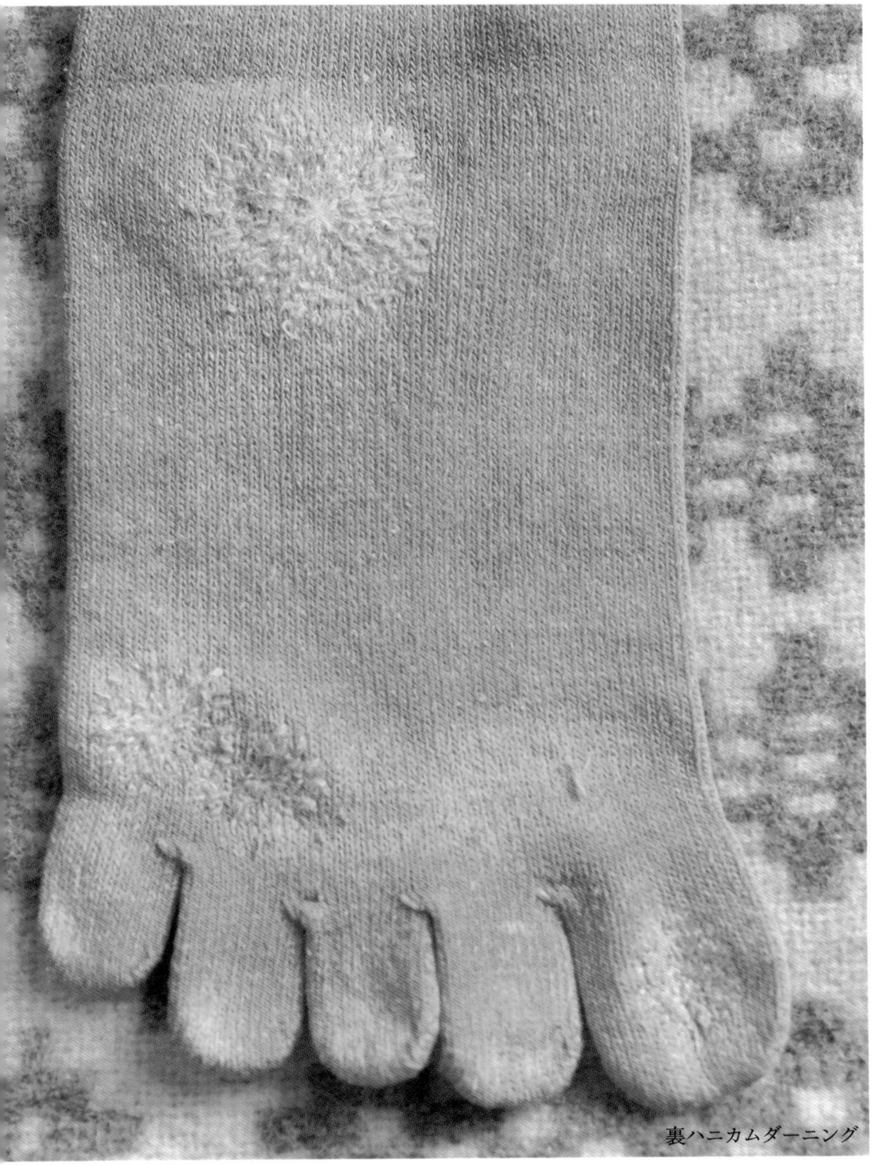

裏ハニカムダーニング

After

Before
かかとやつま先のすり減り

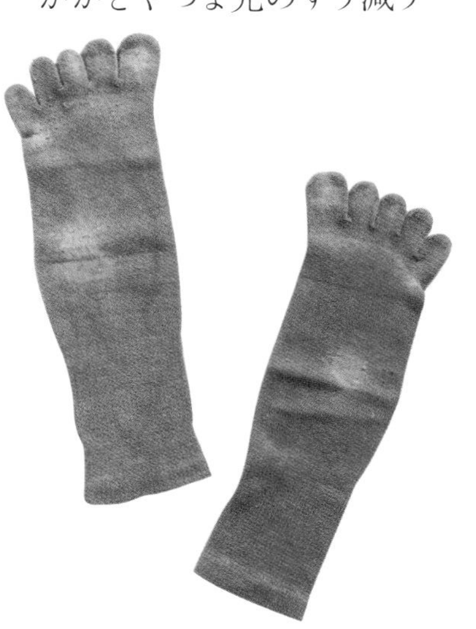

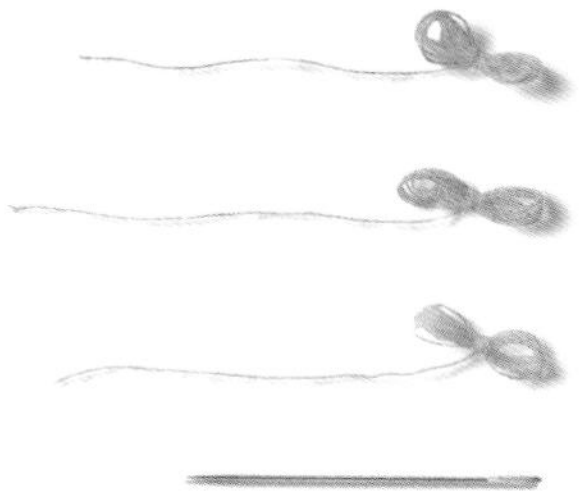

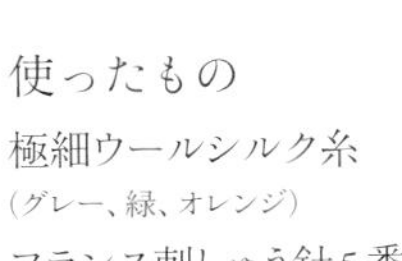

使ったもの
極細ウールシルク糸
(グレー、緑、オレンジ)
フランス刺しゅう針5番

すり減りに最適なハニカムダーニングは、伸びる素材に馴染む

裏側からハニカムダーニングを刺して、表側がさりげない花火模様が出てくるのが裏ハニカムダーニング。指の部分はダーニングスティックを固定し、指のカーブに馴染むステッチに。履き心地も考慮した刺し方を意識しています。シルク素材の靴下なので、丈夫で肌触りのよいウールシルクの糸を選択。そして、ベースの色に馴染むグレーと緑、オレンジの糸を使っています。

娘にも引き継ぎたい大好きなコート

Before
袖口のすり減り

使ったもの
極細モヘアシルク糸（段染め）
極細ウール刺しゅう糸（茶）
フランス刺しゅう針3番

薫さんが長年愛用しているコート。
いずれ娘さんに引き継ぎたいという思いがある一方で、
袖口のあちこちがすでにすり減り寸前。
娘さんが成長する前に引退しそうな状態です。

After

ゴマシオ

タンバリンダーニング

ゴマシオ

段染め糸を使って、色の変化を楽しむ

長年着用されたウールコートの袖口やベルト部分、襟先には、いくつかすり減りがありました。そこで、丈夫なモヘアの糸を使って、ゴマシオダーニング。1本の糸に何色も入っている段染め糸を選び、色の変化をさりげなく楽しめるように仕上げました。黒ズミがちな襟の裏は、タンバリンダーニングを施しました。タンバリンを入れることで、汚れは襟ではなくお繕いした糸の繊維につくため、洗濯で汚れが落とせるでしょう。

Before
全体にシミ

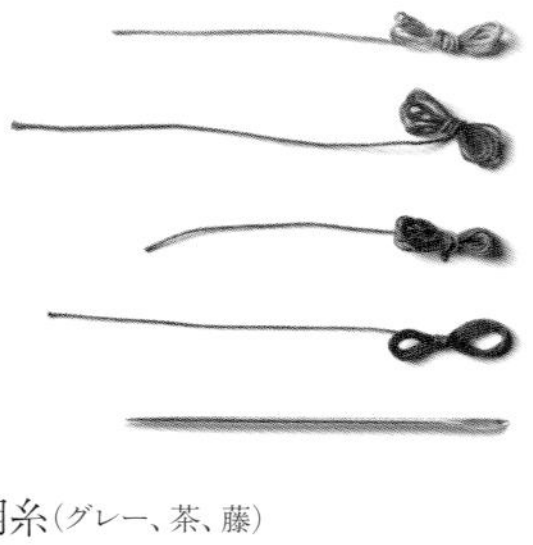

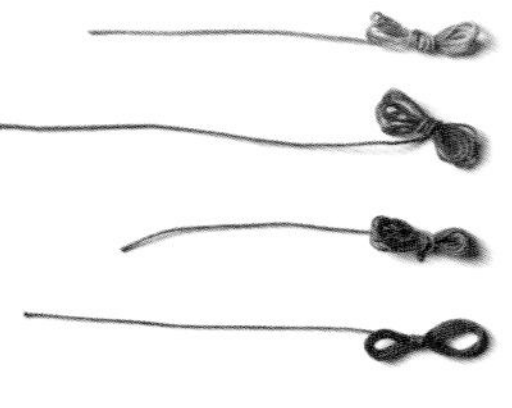

使ったもの
太レース編み用糸(グレー、茶、藤)
8番フランス刺しゅう糸(緑)
フランス刺しゅう針3番

袖を通すと落ち着くワンピース

くるみさんが袖を通すと「安心する」「落ち着く」感覚になれるワンピース。
柄やシルエットも大好きでいつまでも着続けようと思っていた一着です。
その矢先、目立つ場所に炭をつけてしまいました。

After

四角のハニカムダーニング、平行移動ハニカム

幾何学模様の色に合わせた糸をセレクト

あちこちに炭のシミがついていたワンピースには、幾何学模様に合わせた四角のハニカムダーニングや平行移動ハニカムでお繕い。模様に合わせた色みの糸を選ぶことで、全体のトーンがまとまります。四角のハニカムダーニングは、外側から内側に向かって渦巻きができるように針を刺し、角を四角く作ることがポイントです。

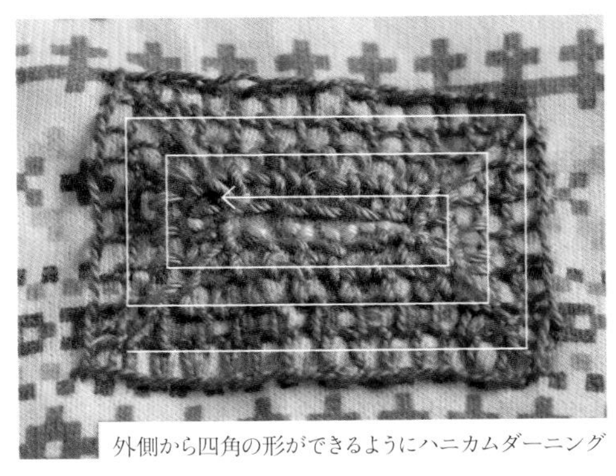

外側から四角の形ができるようにハニカムダーニング

Before
襟元についた
ファンデーションの汚れ

使ったもの
極細モヘアシルク糸（薄いベージュ）
フランス刺しゅう針5番

クイーン・エリザベス号に乗って、世界一周した亮さんのお母様。当時着ていたキルトコートをお下がりでもらったところ、襟元と袖口にファンデーションの汚れがついてしまいました。思い入れが強いこともあり、どうお繕いするか迷っていた一着です。

母と世界を一周したキルトコート

After

すべてタンバリンダーニング

タンバリンダーニングを重ねて レースのようなデザインに

モヘアシルクの糸を使って、襟元や袖口に小さなタンバリンダーニングを重ねました。糸の色はコートに合わせた色みを選択。再びコートが汚れても、今度は糸の繊維の上に汚れがつき、洗濯で落としやすくなるので安心です。ナイロン素材のコートやダウンジャケットにもダーニングできます。厚みがあるので、ダーニングマッシュルームはあてずに、そのまま刺しました。

大きいあて布

Technique

切り裂けてしまった生地や大きな穴などは、布を下からあてて、お繕いします。生地が経年劣化で弱っている時も、下から布をあてるのは効果的です。

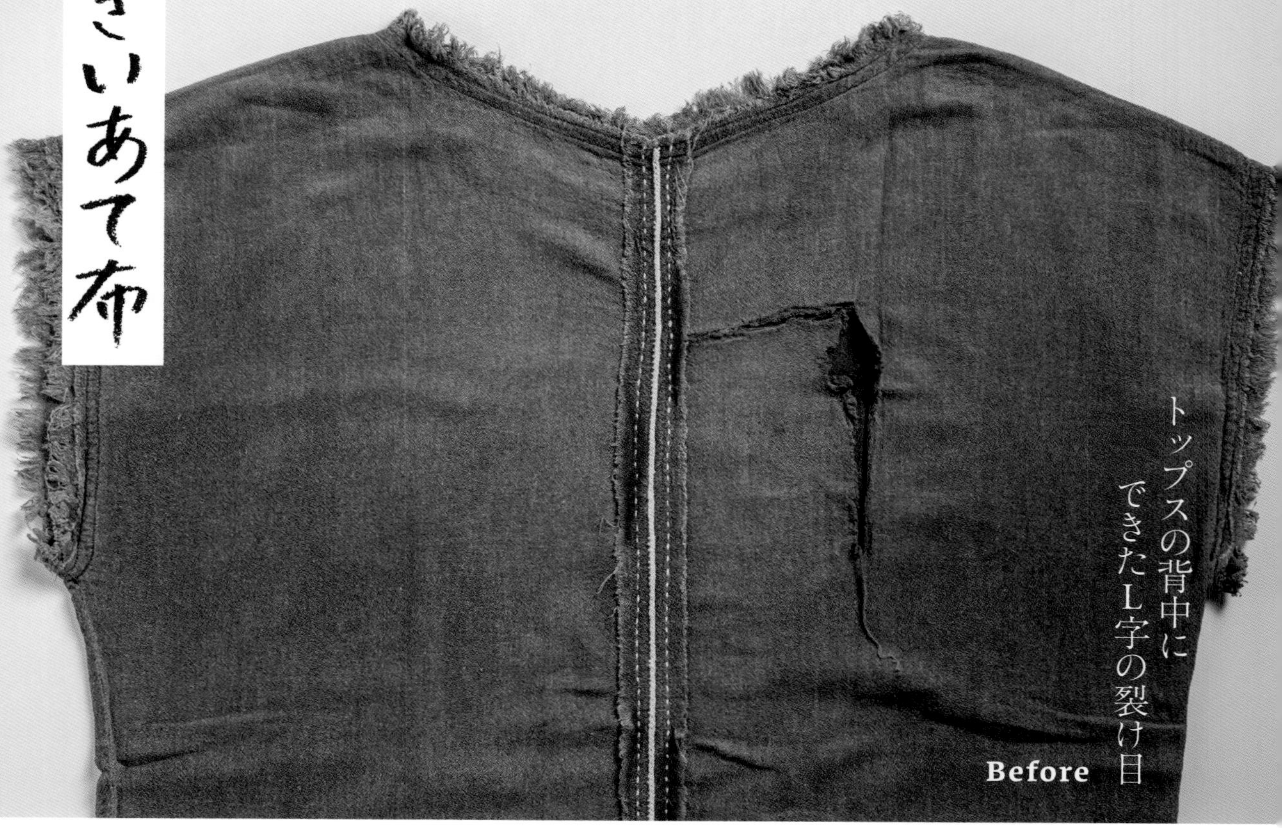

トップスの背中にできたL字の裂け目

Before

1 生地を裏返し、ダーニングマッシュルームの代わりに、あて布より大きなサイズの本を服の間に敷きます。

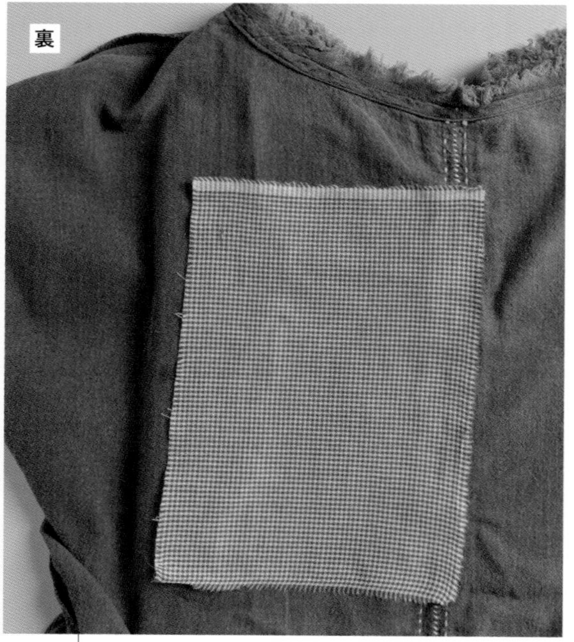

2 傷んでいる場所の大きさに合わせてカットしたお好みのあて布（プリント地やはぎれなど）を、お繕いしたいエリアの上にのせます。

POINT! あて布は傷んだ場所の面積よりも1〜2回り大きい生地を使うことが大切です。

用意するもの

手縫い糸（太）（赤）
手縫い糸（細）（ピンク）
フランス刺しゅう針5番
ギンガムチェックの生地（綿）
しつけ糸
本
まち針

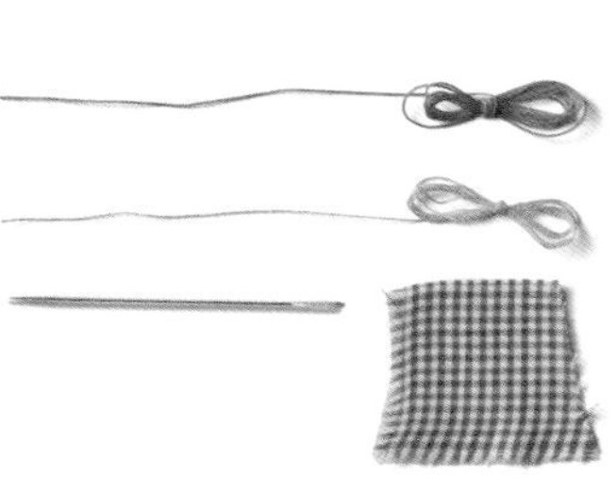

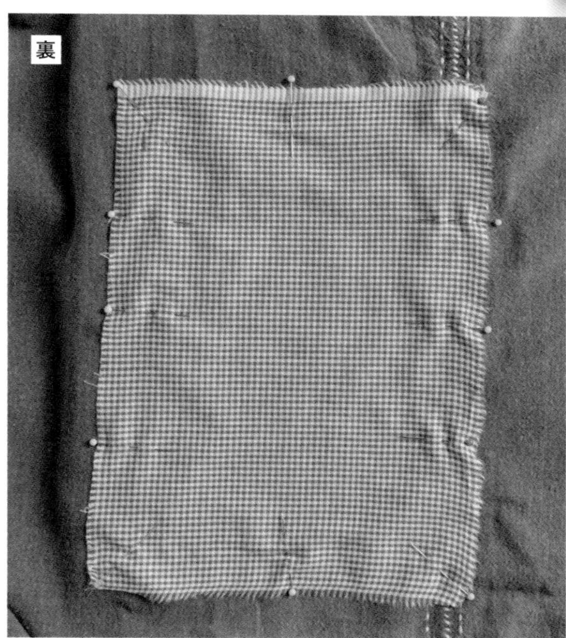

3 あて布の位置が決まったら、あて布の周りをまち針で生地にとめます。

4 玉結びをしたしつけ糸を針穴に通して、あて布の約5㎜内側を並縫いでとめます。しつけ糸は最後に外すので、大まかな縫い方でかまいません。

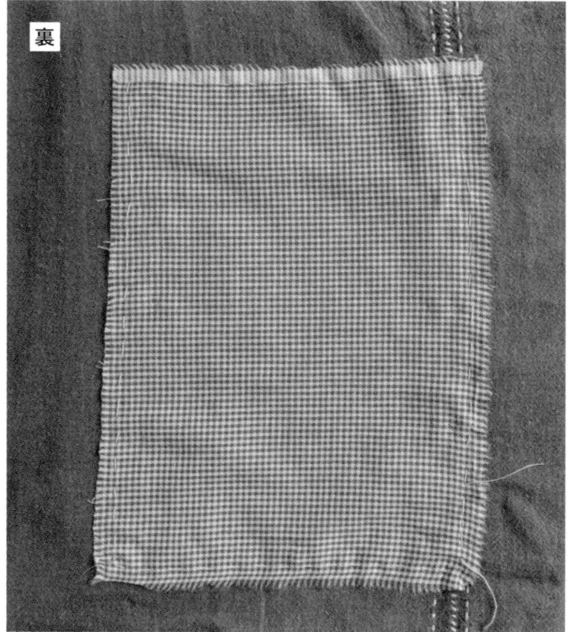

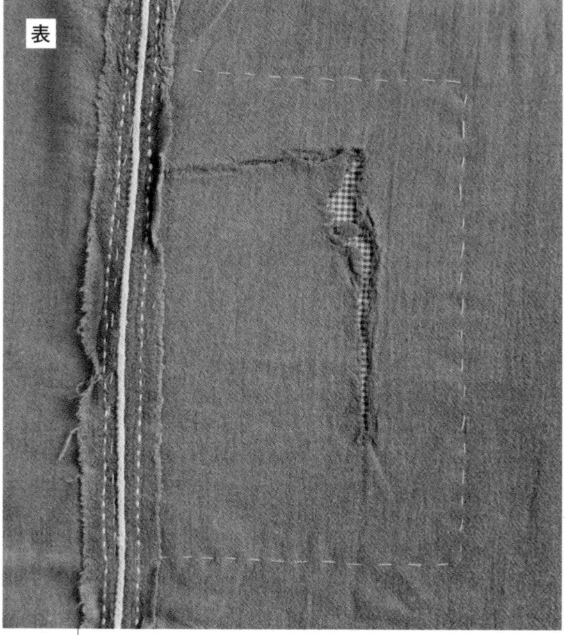

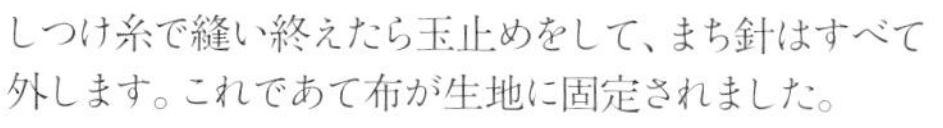

5 しつけ糸で縫い終えたら玉止めをして、まち針はすべて外します。これであて布が生地に固定されました。

6 再び生地を表に返し、再び本を服の間に敷きます。

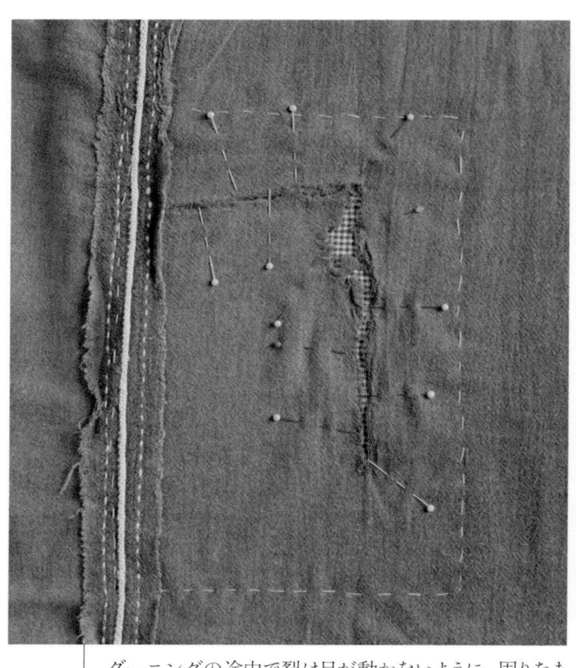

7 ダーニングの途中で裂け目が動かないように、周りをまち針でとめます。

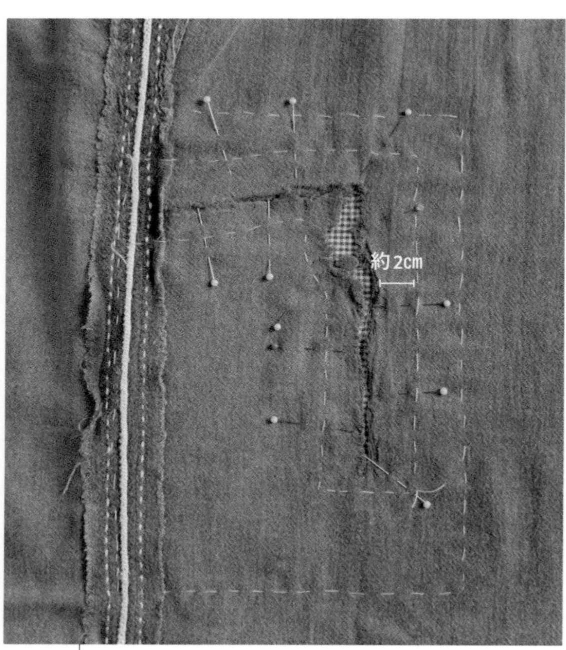

8 避け目から約2cmの周囲にしつけ糸で並縫いでとめます。

内側に折り込んで縫いとめる方法

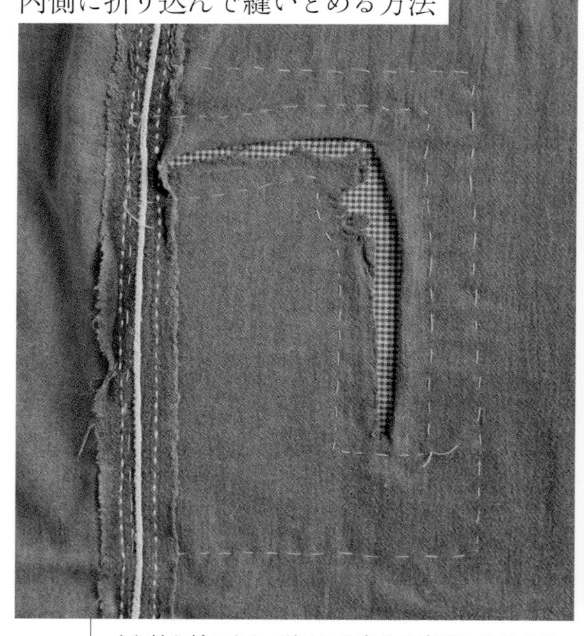

9 まち針を外します。裂け目の半分は内側に生地を約3〜5㎜折り込みます。

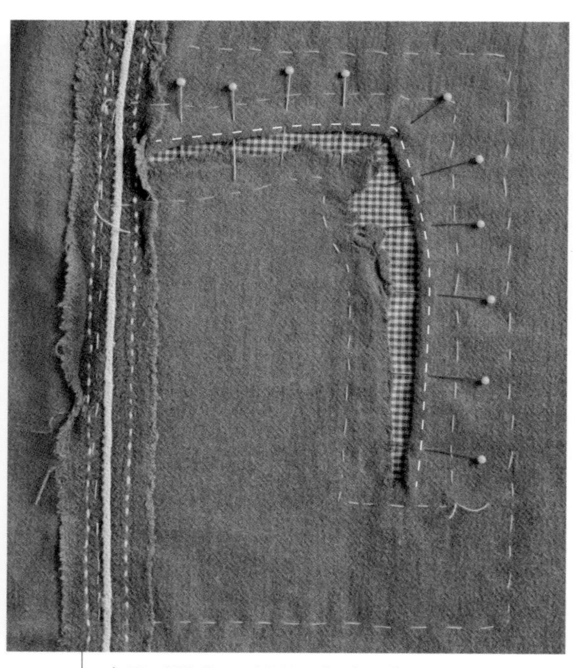

10 内側に折り込んだ生地の部分が動かないようにまち針でとめ、ゴマシオで全体を縫いとめます。

裂け目を残した方法

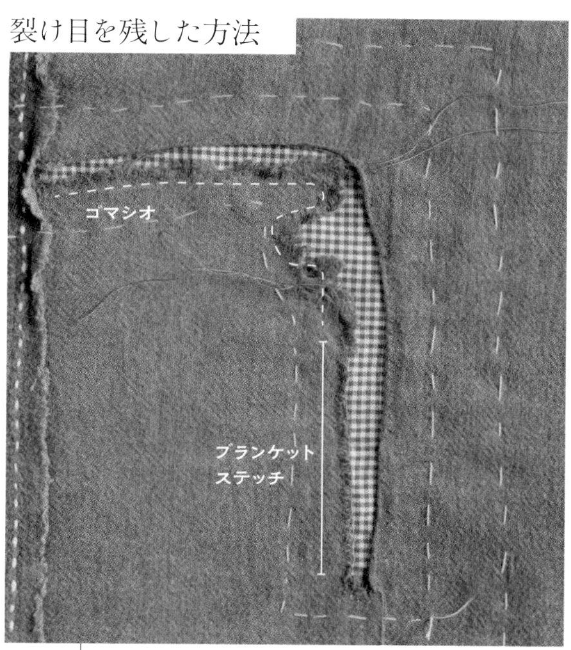

11 ラフな雰囲気を残したい場合は、裂け目を残したまま縫いとめます。ここでは、ブランケットステッチやゴマシオで縁取りをします。

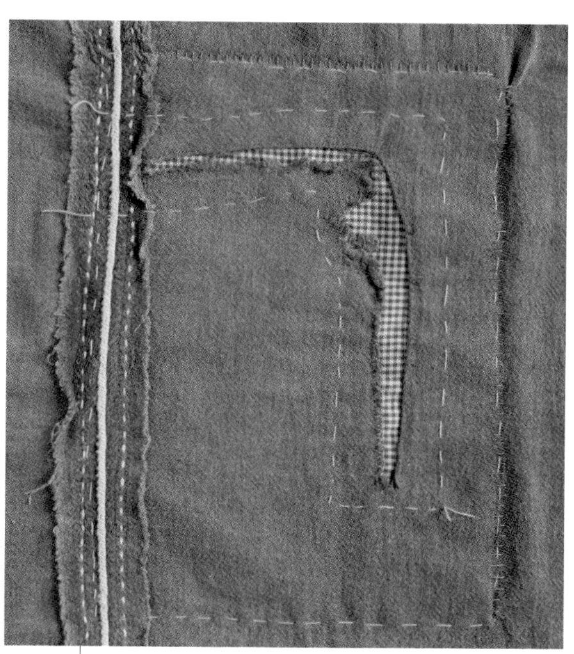

12 あて布の縁も外れないように、しつけ糸のすぐ外側に表からゴマシオや裏からブランケットステッチで縫いとめます。すべて刺し終えたら、しつけ糸は外します。

After

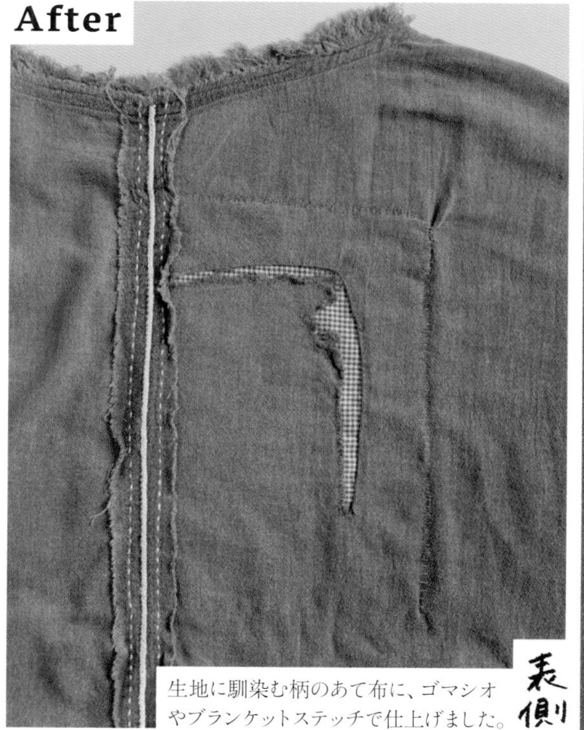

生地に馴染む柄のあて布に、ゴマシオやブランケットステッチで仕上げました。

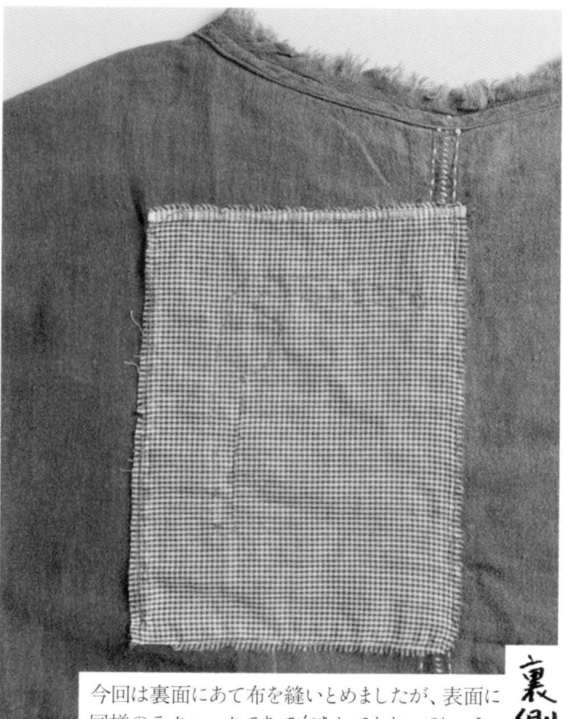

今回は裏面にあて布を縫いとめましたが、表面に同様のテクニックであて布をしてもよいでしょう。

小さいあて布

Technique

小さな穴や生地の経年劣化に便利な方法をご紹介します。ここでは、布用仮止めのりと小さいあて布を使います。

スウェットパンツにあいた小さな穴

Before

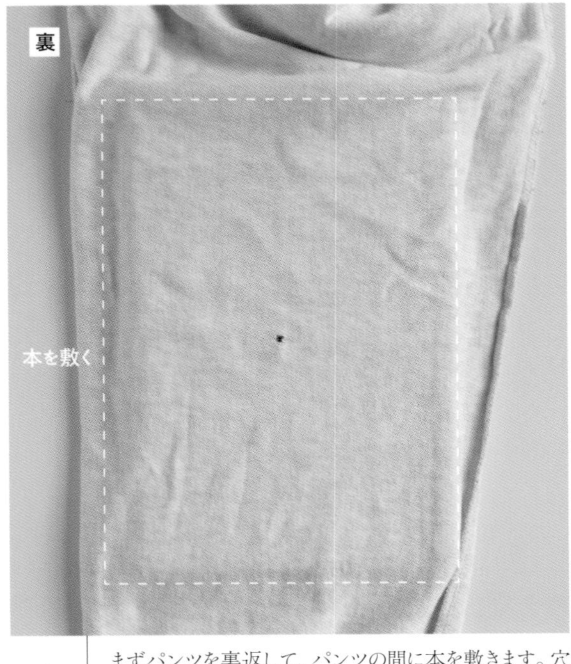

1 まずパンツを裏返して、パンツの間に本を敷きます。穴の大きさをカバーできるサイズの本を使います。

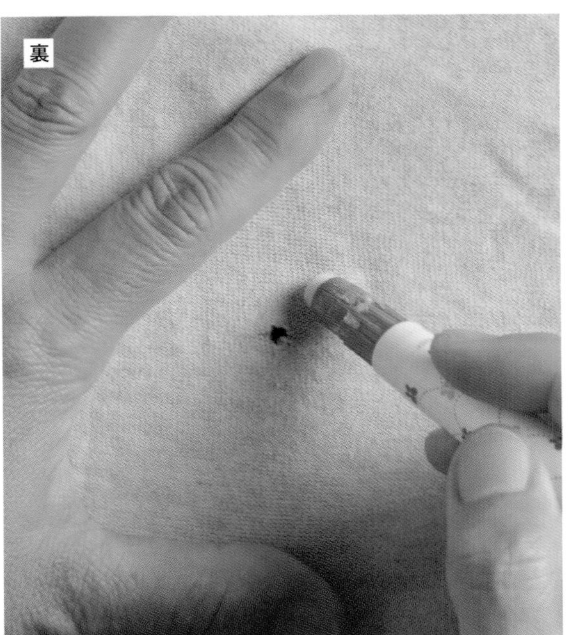

2 穴の周りに布用仮止めのりを軽く塗ります。

POINT! 穴や傷みの下から布をあてて補強をすれば、本書でご紹介するすべてのテクニックでダーニングできます。

用意するもの

ラメ糸
25番フランス刺しゅう糸（オレンジ）
フランス刺しゅう針3番
しつけ糸
＊25番フランス刺しゅう糸は
2本取りで使用

本
布用仮止めのり
（またはまち針）

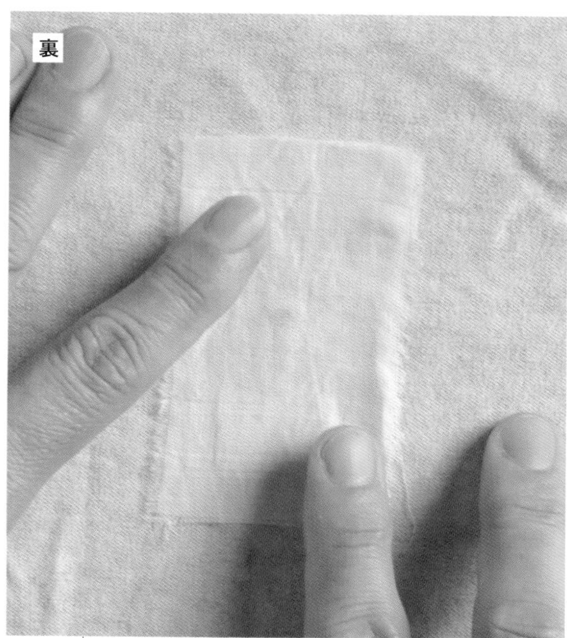

3 布用仮止めのりを塗った部分に2回り以上のサイズのあて布を貼ります。布用仮止めのりがない場合は、まち針であて布を仮止めしてもよいでしょう。

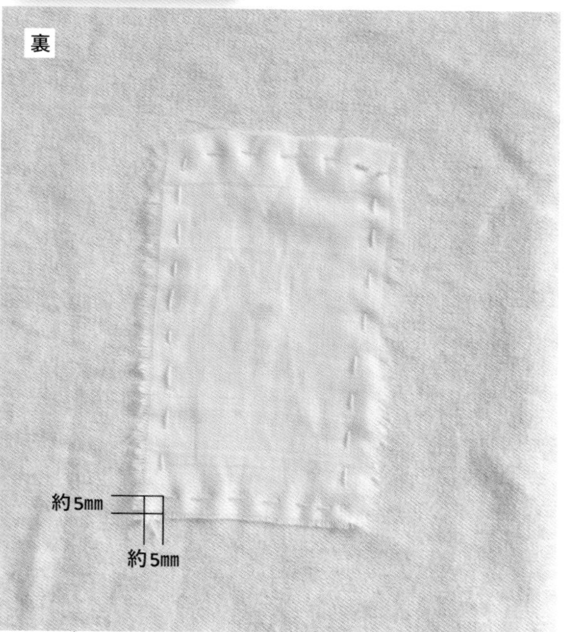

4 あて布の周囲、約5mm内側をしつけ糸で並縫いでとめます。

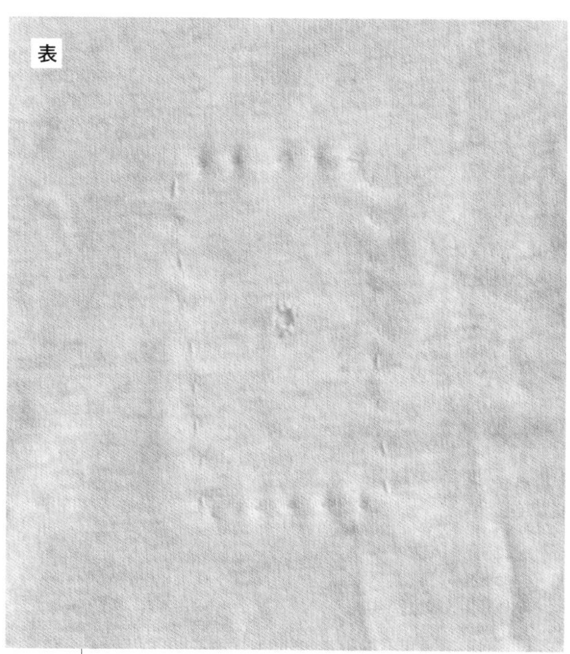

5 パンツを表に返し、本を外します。

6 生地の裏面からダーニングマッシュルームをあて、ヘアゴムで固定します。次にあて布をしたエリアを、ゴマシオでバツを描くように刺していきます。

あて布があれば、小さな穴にゴマシオやタンバリンダーニングもできます。

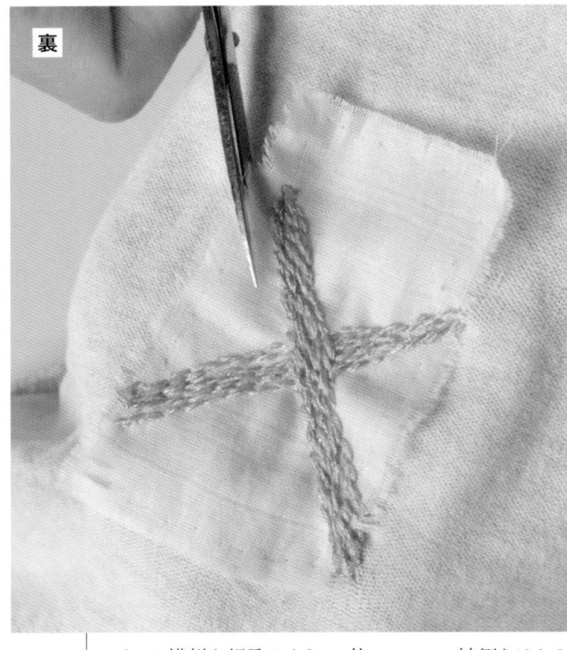

7 再び生地を裏返し、しつけ糸をすべて外します。

8 バツの模様を縁取るように、約5mm～1cm外側をはさみで切り取ります。

After

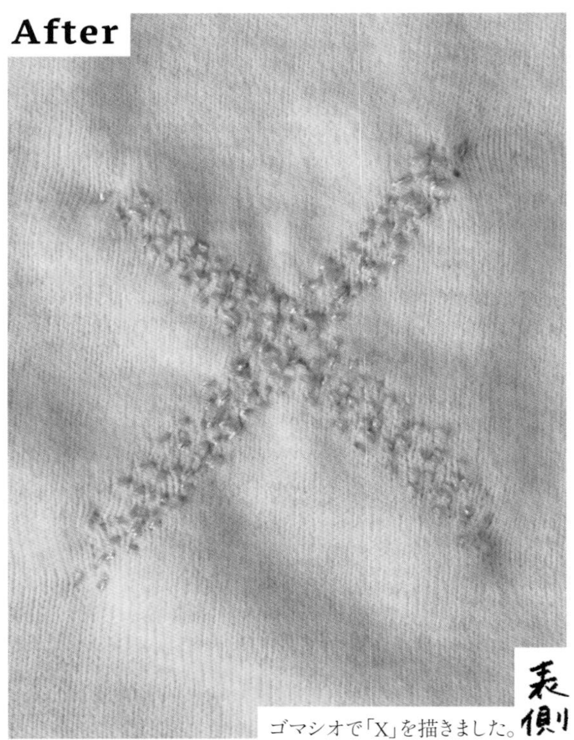

ゴマシオで「X」を描きました。表側

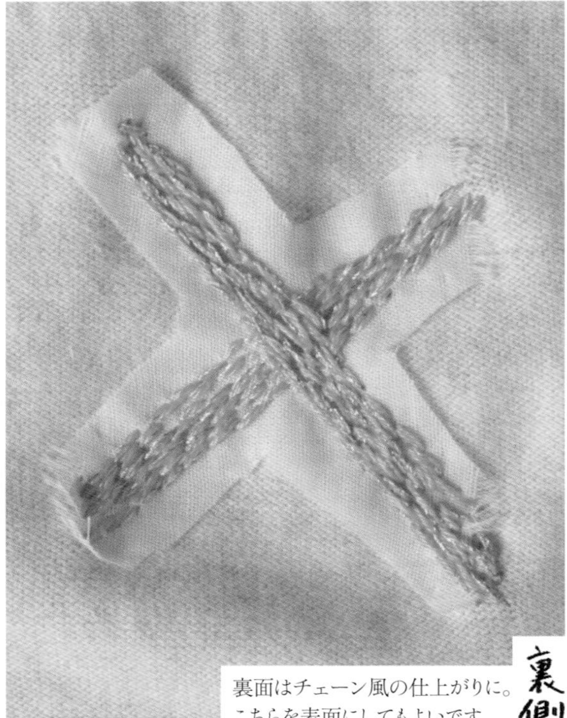

裏面はチェーン風の仕上がりに。こちらを表面にしてもよいです。裏側

あて布の種類

穴があいている時に下からあてる布は、見せたい柄を中心に選んでください。補強を目的にした場合でも、新品の生地ではなく、古着から切ったものや使い古した生地の方が馴染みます。洋服を処分する時に切り取っておいてもよいでしょう。新品の生地の場合は、ぬるま湯で2回ほど手洗いしてから使うことをおすすめします。

1 Yシャツの生地
2 ギンガムチェックの生地（綿）
3 リバティプリント（綿）
4 アンティークのプリント生地
5 ベルベット
6 コーデュロイ
7 ストライプの生地（中厚の綿）
8 水玉模様の生地（中厚の綿）
9 古い着物生地
10 古いツイードのスカート生地
11 タイツから切り取った生地（ナイロン）
12 薄手のセーターから切り取った生地
13 中厚のセーターから切り取った生地
14 ローン生地（極薄の綿）
15 刺しゅう生地（薄手の綿）
16 インド更紗の生地（綿）
17 さらし

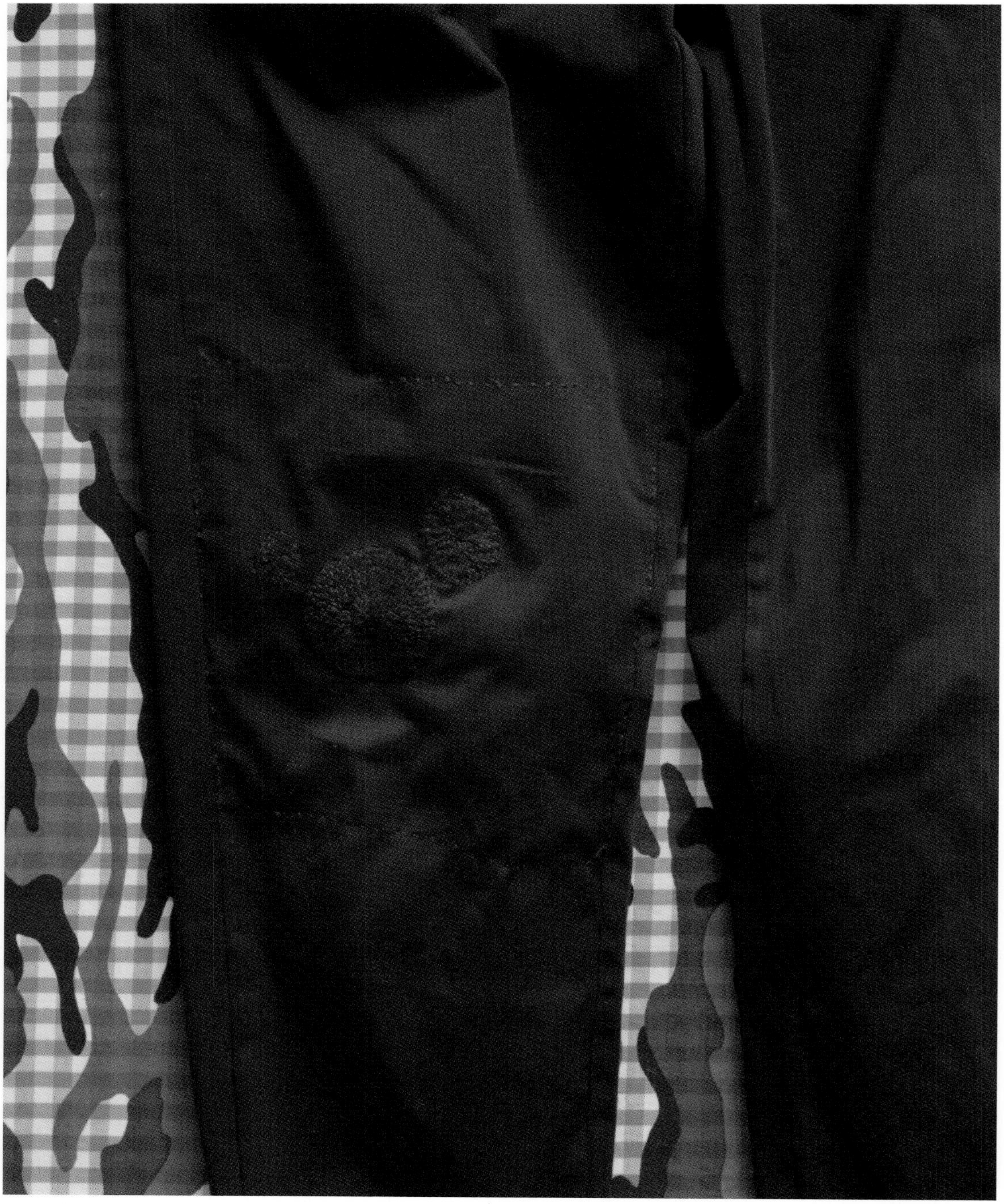

膝がすれ、穴もあいたナイロンパンツ

Before
膝のすり切れと穴

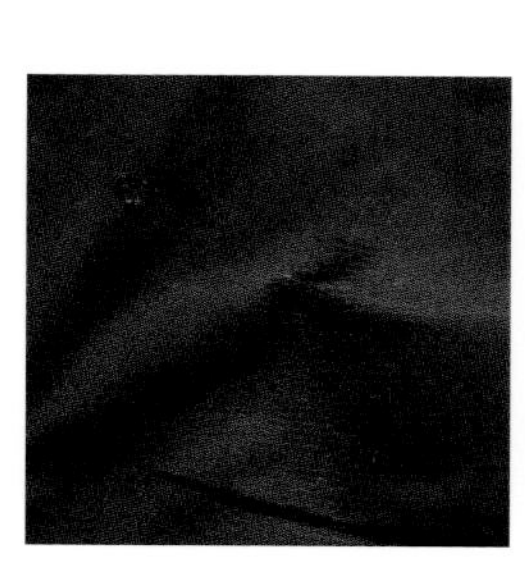

使ったもの
ウーリーロックミシン糸（黒）
フランス刺しゅう針5番
タイツから切り取った生地（ナイロン）

9歳の大地くんが履いてきたナイロンパンツ。
キャンプに行ってマウンテンバイクに乗り、
山の中を駆け回っていたら、大きな岩を踏んで転倒。
パンツの膝がすれ、穴もあいてしまいました。

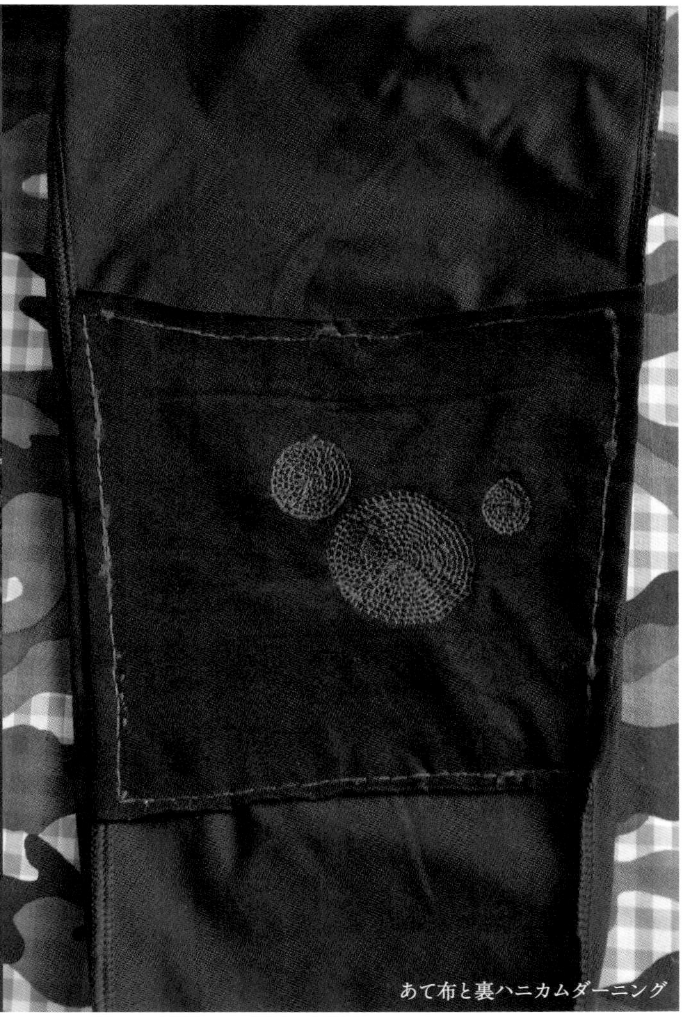

あて布と裏ハニカムダーニング

黒いパンツに黒い糸でさりげなく繕う

膝のすり切れた部分と穴のあいた部分には、再び傷んでもすぐ繕い重ねられるように、大きめのあて布が必要です。そこでナイロン素材に合わせて、黒色のタイツを切ったものをあて布に使用しています。伸縮性のあるナイロン製のウーリーロックミシン糸を使いましたが、25番フランス刺しゅう糸(2本取り)でもよいでしょう。傷が大きい部分には大きめの形に、穴の部分には小さめの形を施しました。ハニカムダーニングをいくつか入れる時は奇数にするとデザインがまとまりやすいです。裏からハニカムダーニングを施すことで、表はさりげない印象に仕上げました。

染め直しながら履き続けたガウチョパンツ

Before
L字形の裂け目

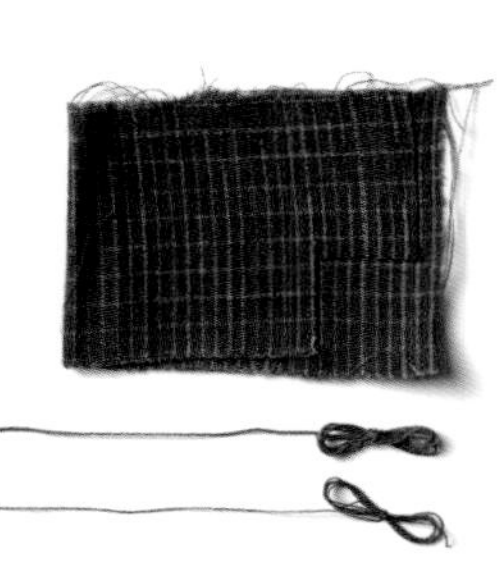

使ったもの
着物生地
手縫い糸（太）（緑）
手縫い糸（細）（藍）
フランス刺しゅう針5番

柔らかくて履き心地のよい直子さんのガウチョパンツ。
藍染めキットで染め直しながら、藍色をキープしてきました。
気づけばお尻部分がかぎ裂きになり、裾にも小さい穴が。
それでも捨てられず、大切に保管していました。

After

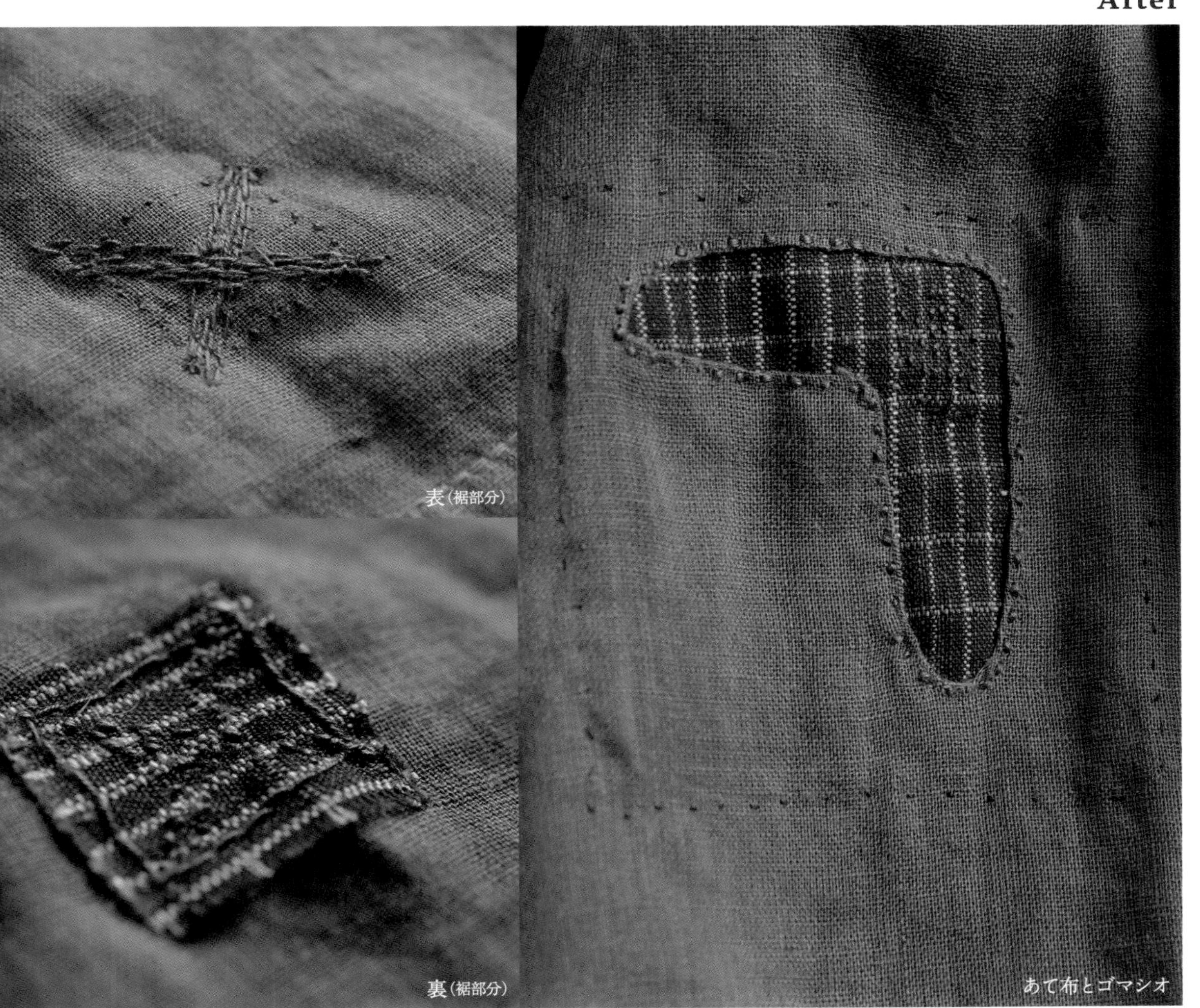

表(裾部分)

裏(裾部分)

あて布とゴマシオ

「見せるあて布」でかぎ裂き部分をお繕い

L字形に裂けたパンツに、あて布を裏からあててダーニング。あて布に選んだアンティーク着物の綿生地が持つナチュラルな雰囲気が、パンツにフィットしています。あて布を見せたい場合は服と色を合わせたり、お好みの生地を選んだりすると楽しいです。裾近くにあった小さい穴にも裏からあて布をして、裏からゴマシオでバツの形を作りました。

ハニカムスター

Technique

星のような形にダーニングをする方法が「ハニカムスター」。小さな穴や小さいシミにおすすめです。

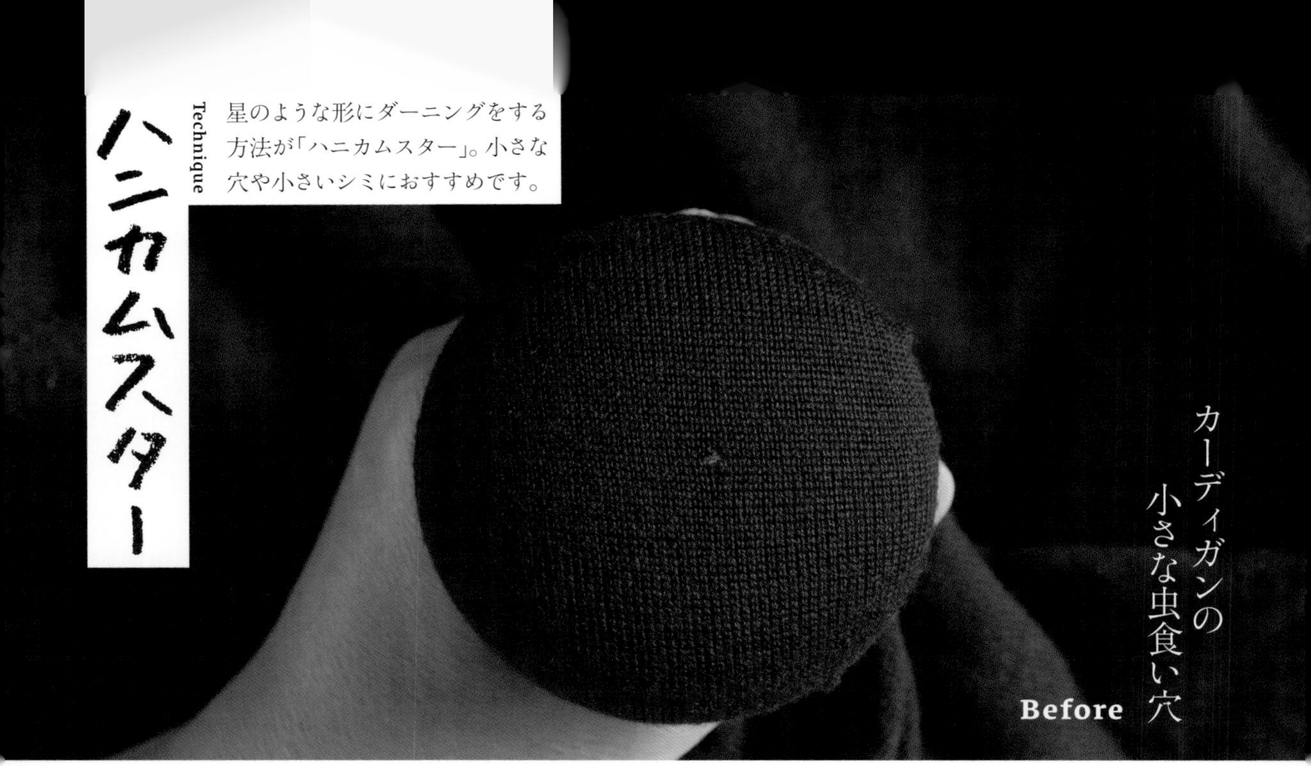

カーディガンの小さな虫食い穴

Before

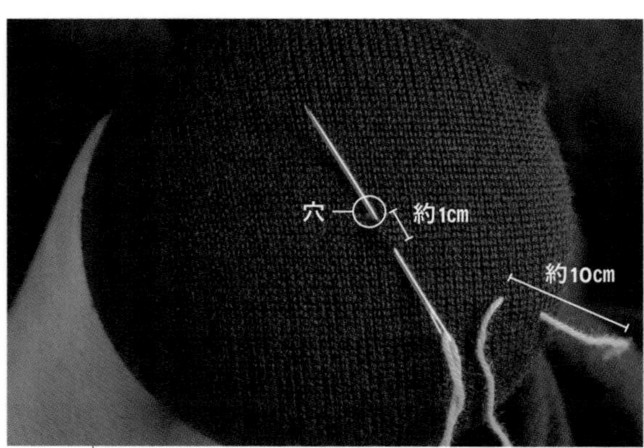

1 裏からダーニングマッシュルームをあてて固定します。ダーニングマッシュルームの端から2〜3針並縫いした後、1針目を刺します。糸端は約10cm残します。

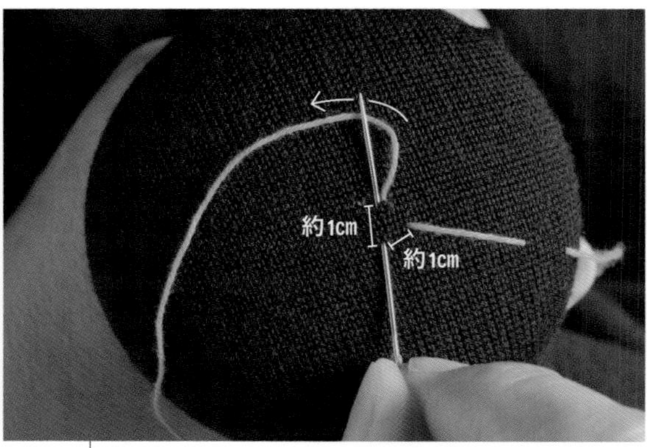

2 約1cm左に針を刺し、穴から針を出して、糸を針の後ろ側で右から左にかけます。

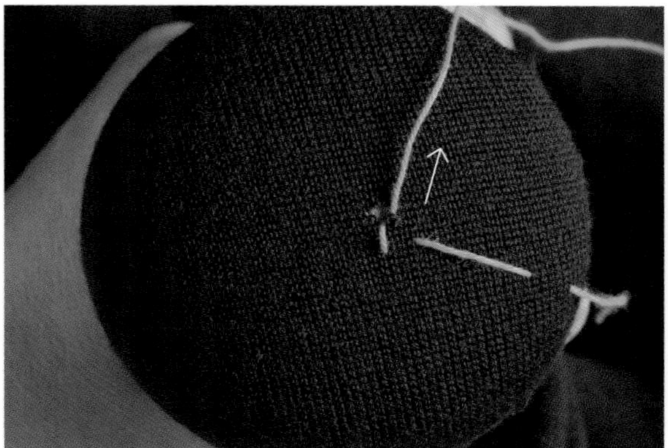

3 糸を引きます。この時、糸を引っ張りすぎないことが大切です。

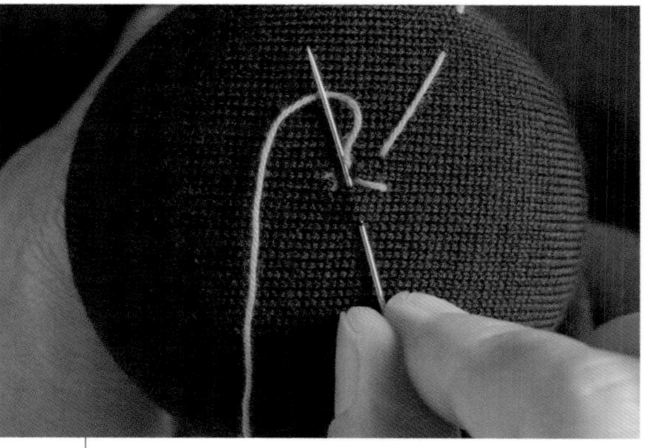

4 さらに約5mm〜1cm左に針を刺し、穴から出して、糸を針の後ろ側で右から左にかけ、糸を引きます。

用意するもの
中細アクリル毛糸（ピンク）
刺し子糸（オレンジ）
フランス刺しゅう針3番

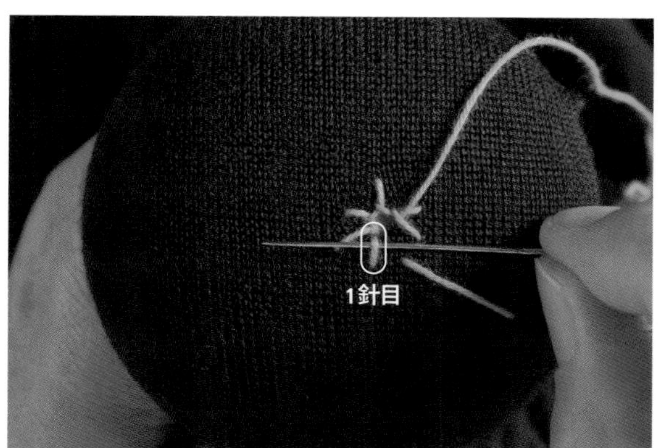

5 星の形に1周刺し終えたら、1針目の縫い目をすくいます。穴が埋まらなかったら、P35の**19**〜**21**の要領で、穴が埋まるまで2周3周してもよいです。

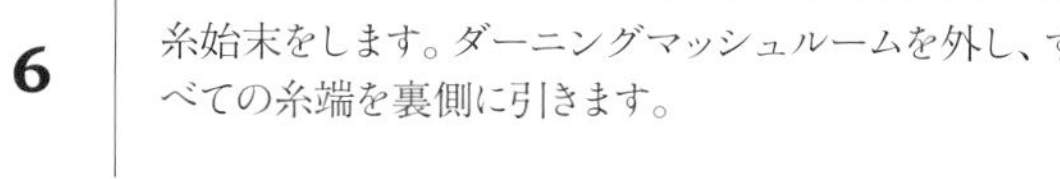

6 糸始末をします。ダーニングマッシュルームを外し、すべての糸端を裏側に引きます。

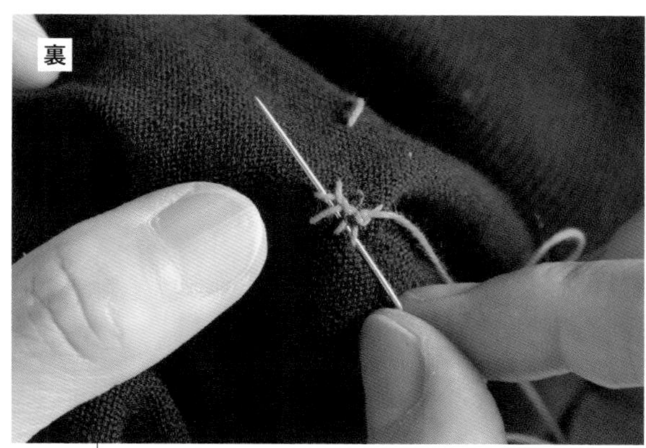

7 糸端は裏側の縫い目、5〜6目に針をくぐらせます。

8 糸端は短くはさみで切ります。最初に並縫いで仮止めしていた糸端も裏側から引き出し、縫い目をくぐらせた後、糸端を切ります。

After

星の形の出来上がり。

糸端は玉止めしてもよいです。

応用 ハニカムフラワー

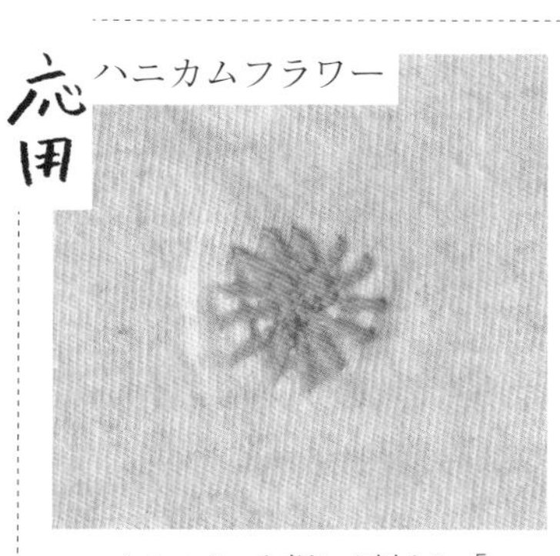

ハニカムスターを細かく刺すと、「ハニカムフラワー」が出来上がります。工程は同じなので、花模様を作りたい時はこちらがおすすめです。

Technique フランケンダーニング

大きく裂けた生地にぴったりのダーニングテクニック。フランケンシュタインの顔にある傷をイメージさせることから「フランケンダーニング」と名付けました。

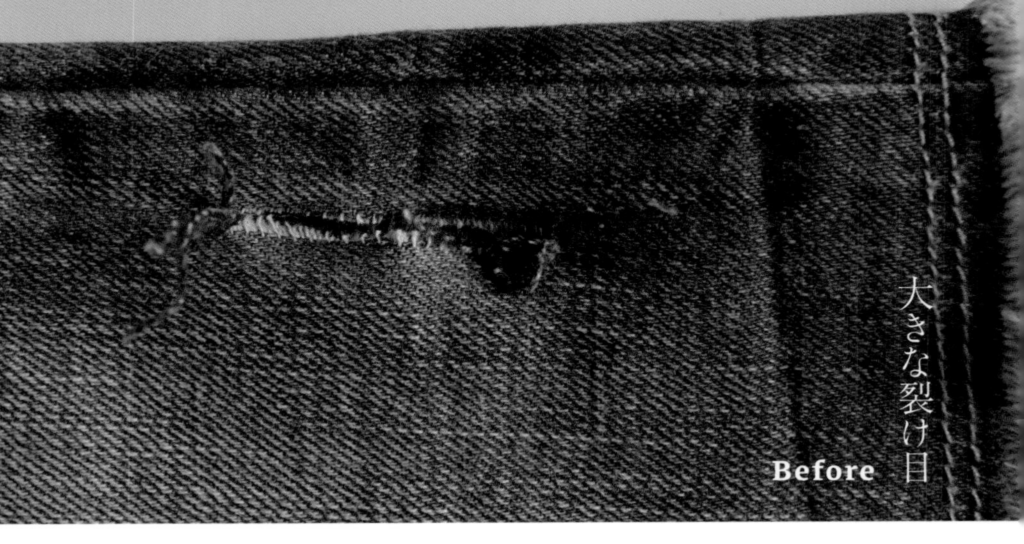

1 生地を裏返し、裂け目より1〜2回り大きめのあて布を用意します。

2 布用仮止めのりまたはまち針であて布を固定します。約5㎜あて布の内側にしつけ糸で並縫いでとめます。

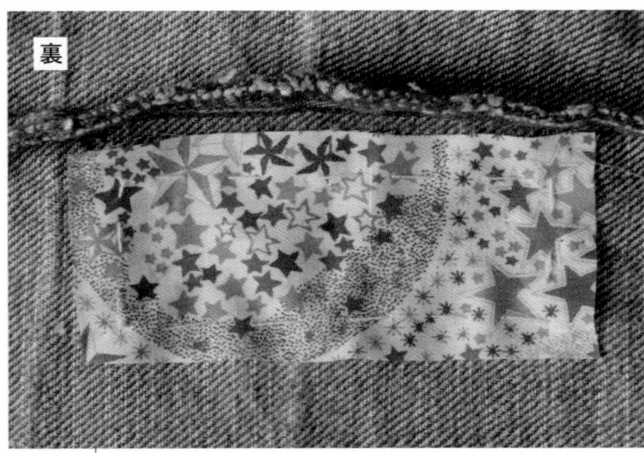

3 並縫いを終えたら、まち針をすべて外します。

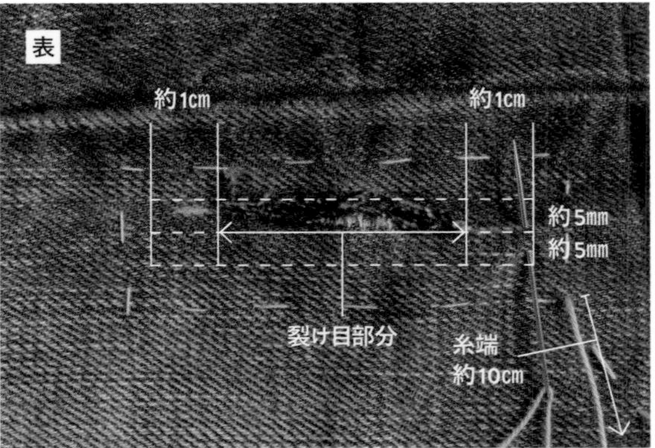

4 生地を表に返します。あて布の外側から2〜3針並縫いした後、糸端は約10㎝残します。1針目を写真のように刺します。

POINT! あて布の固定には、P62〜63の布用仮止めのりを使ってもよいです。

用意するもの
刺し子糸(水、オレンジ)
フランス刺しゅう針3番
あて布
しつけ糸
布用仮止めのり(またはまち針)

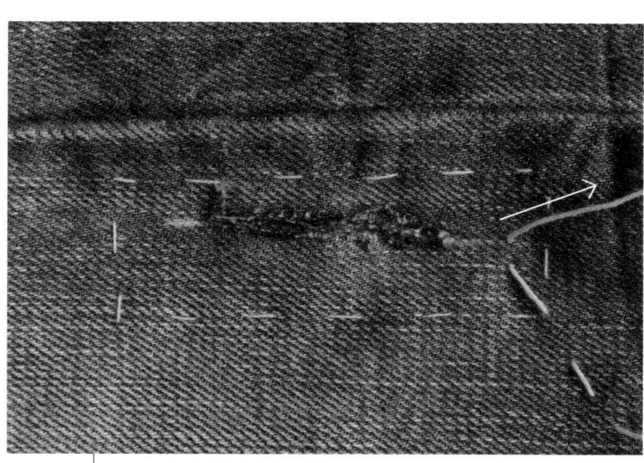

5 糸を引きます。

6 針を出した真上約5mmから針を刺し、**5**で引いた糸のすぐ隣から出します。糸を針の後ろ側で進行方向(ここでは右から左)にかけます。

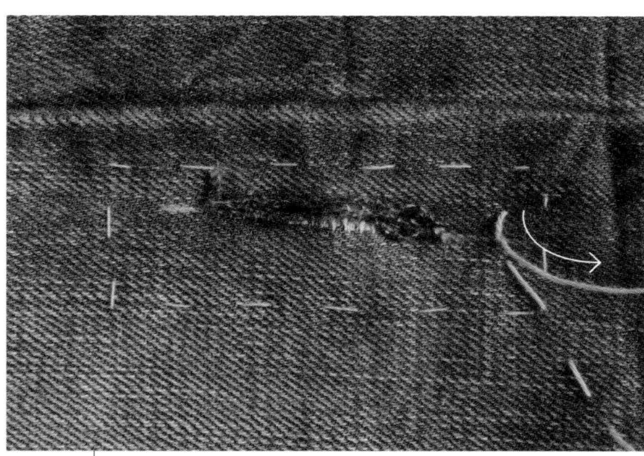

7 糸を引きます。

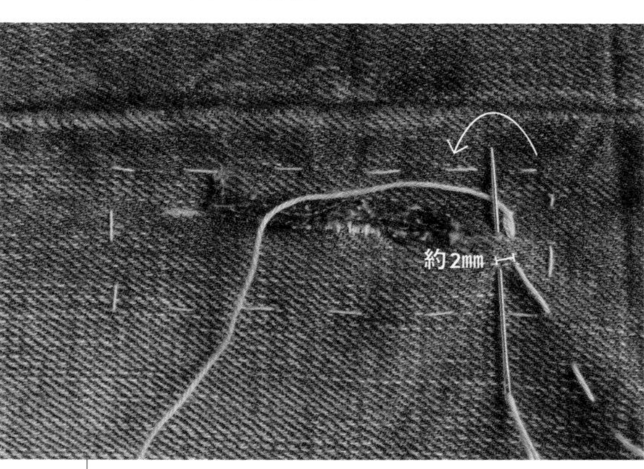

8 1針目を刺したところから約2mm左に針を刺し、約5mm生地をすくって、裂け目の延長線上に出します。糸を針の後ろ側で進行方向(ここでは右から左)にかけます。

9 糸を引きます。

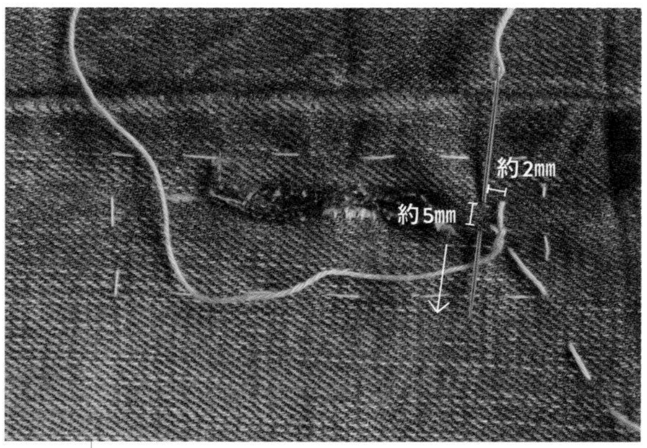

10 **6**〜**9**と同じように、針を刺していきます。

糸替え

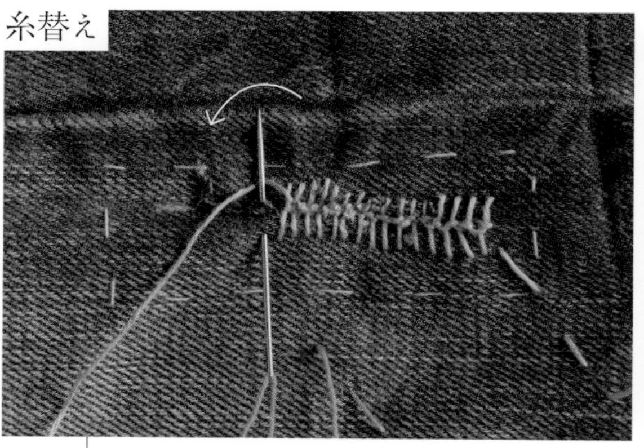

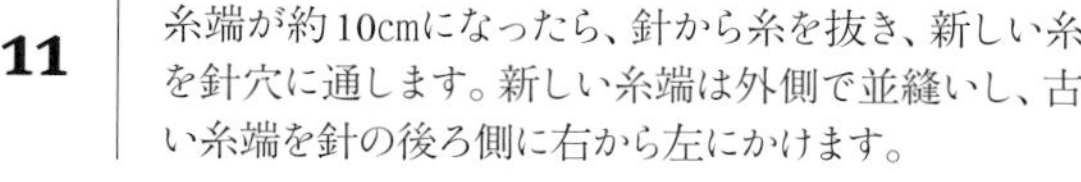

11 糸端が約10cmになったら、針から糸を抜き、新しい糸を針穴に通します。新しい糸端は外側で並縫いし、古い糸端を針の後ろ側に右から左にかけます。

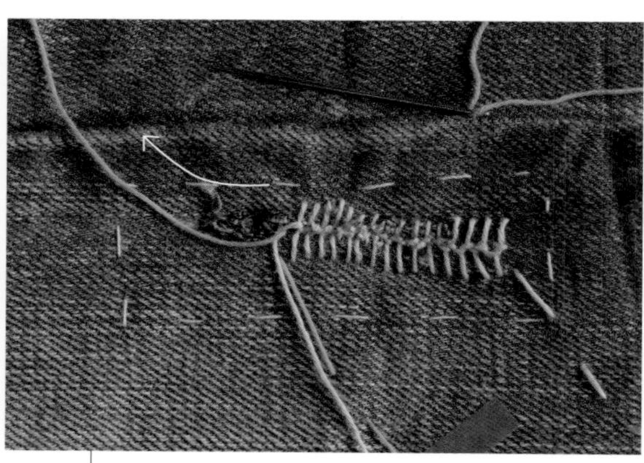

12 新しい糸を引きます。古い糸端と新しい糸端は一緒にマスキングテープでとめます。

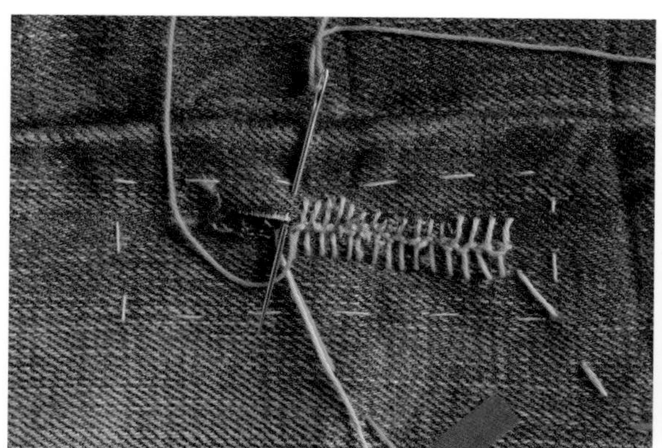

13 上部の糸の約2mm左側に針を入れ、裂け目から出し、糸を針の後ろ側に右から左にかけます。

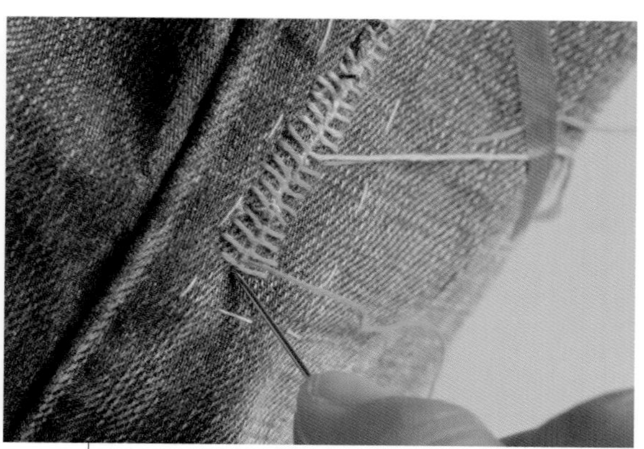

14 裂け目より約1cm先まで刺し終えたら、完成です。糸始末をするため、裂け目の延長線上に針を刺します。

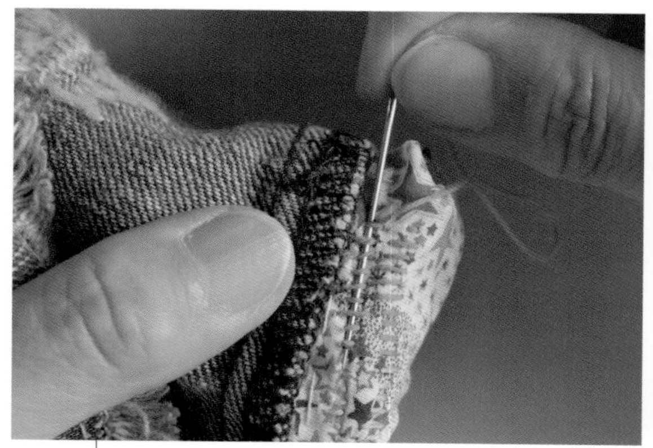

15 糸始末をします。生地を裏返し、糸を引きます。裏に出ている縫い目に針で糸を通します。

16 糸端を短くはさみで切ります。

17 縫い始めの糸端や糸替えの糸端を裏側に出して、糸始末をします。

18 **15**、**16**のように縫い目に針を刺して糸始末をしてもよいですし、玉止めをしてもよいでしょう。

After

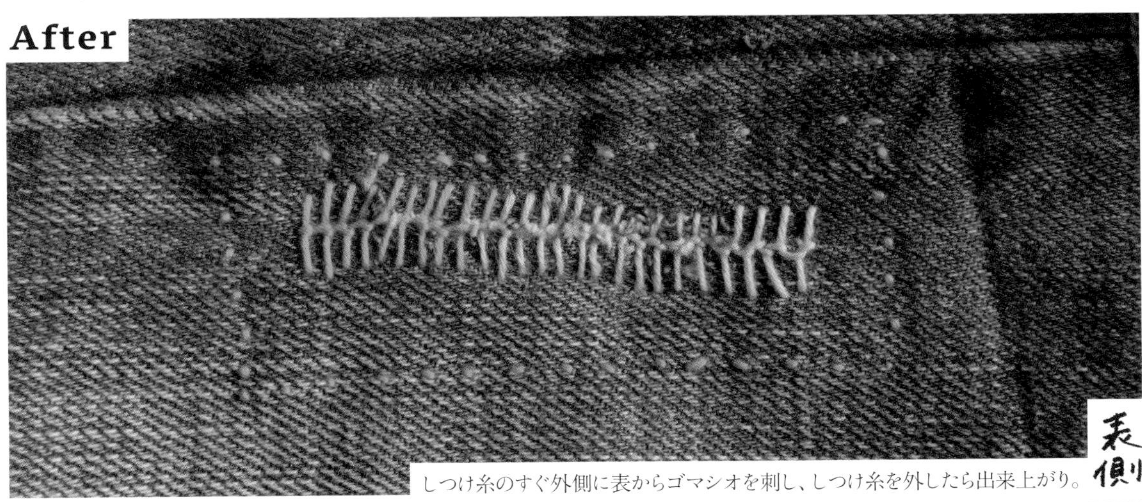

表側

しつけ糸のすぐ外側に表からゴマシオを刺し、しつけ糸を外したら出来上がり。

裏側

フランケンダーニングの裏側の表情もよい感じ。

POINT! あて布は切りっぱなしのままでもかまいませんが、ほつれが気になる場合は市販の「ほつれ止め液」を布端に塗るとよいでしょう。

学生時代の思い出が詰まった手袋

佳穂さんは
生まれも育ちも北海道。
寒い土地では手袋が必須です。
毎日のように使っていたら、
左手の人差し指部分に穴が。
左親指の付け根も、
やや生地が薄くなっています。
自分で繕おうとしたのですが、
上手くいきません。

1,2 ハニカムダーニング、3 ハニカムスター

After

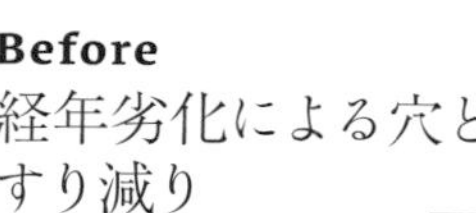

Before
経年劣化による穴と
すり減り

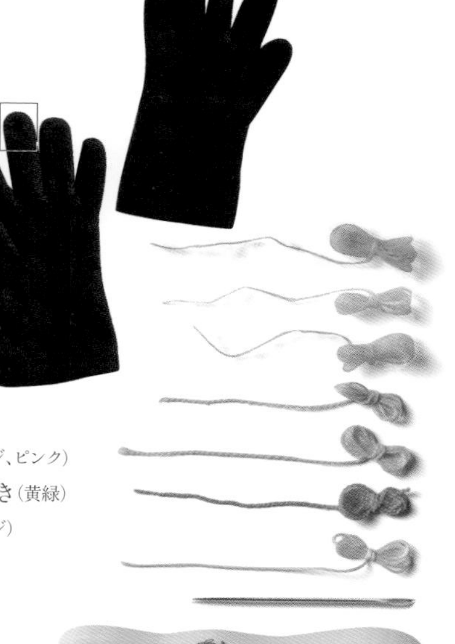

使ったもの

極細モヘアシルク糸(ライトオレンジ、ピンク)
極細モヘアシルク糸・ループ付き(黄緑)
中細羊毛毛糸(水、ベージュ、オレンジ)
25番刺しゅう糸(黄)
フランス刺しゅう針3番
ダーニングスティック

糸の色選びは
手袋の模様に合わせて

手袋の素材に合う極細の毛糸を選び、色みは手袋のドット柄を参考にしました。穴の形を活かすようにハニカムダーニングを施し、毛糸が短くなる度に色を替え、多色模様を表現しています。ダーニングスティックをあてて、指の形に沿うように刺しました。親指の付け根部分は薄くなっていたので、補強するためにハニカムスターを施しました。

表 フランケンダーニング

裏 あて布とフランケンダーニング

After

近所でも、お出かけ先でも、
麻美さんが着て歩くと
必ず褒められるという
ロングワンピース。
生地が薄いため裾が
破れてしまい、色抜けもちらほら。
お繕いにふさわしい糸選びに悩み、
直せないままでいます。

お繕いの時の糸選びに悩むワンピース

Before
裂けた裾

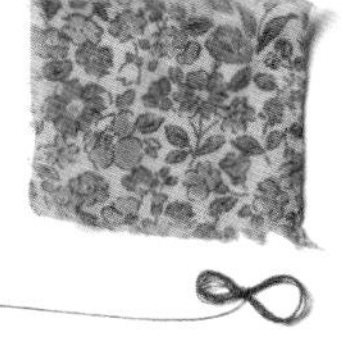

使ったもの
インド更紗の生地（綿）
ミシン糸（紫）
フランス刺しゅう針９番

ワンピースの生地の色に合わせて、紫色の糸を使用

ワンピースの裾には大きな裂け目がありました。裂け目の部分には裏から服の生地と同じ厚さで、紫色の入ったインド更紗の生地をあてて、フランケンダーニングを施しています。あて布はワンピースの紫色が入った花柄をセレクト。デリケートな生地の場合は、薄手の素材であて布をすることがポイントです。また、細くて丈夫なミシン糸を使用しました。

袖口が今にも裂けそうなブラウス

Before
すり減り

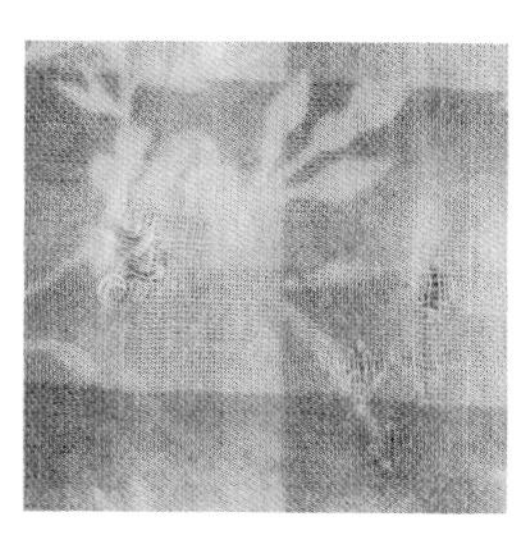

使ったもの

25番フランス刺しゅう糸
(薄ピンク、薄藍)
古い着物のシルクの
裏生地(薄ピンク)
蝶の刺しゅう生地(藍)
フランス刺しゅう針9番
＊25番フランス刺しゅう糸は1本取りで使用

光世さんが約17年前に購入したブラウス。
袖口が薄くなり、今にも裂けそうです。
引っかけてあけた穴も数ヶ所。でも色合いや形、サイズ感
どれをとっても素敵で、捨てられません。

After

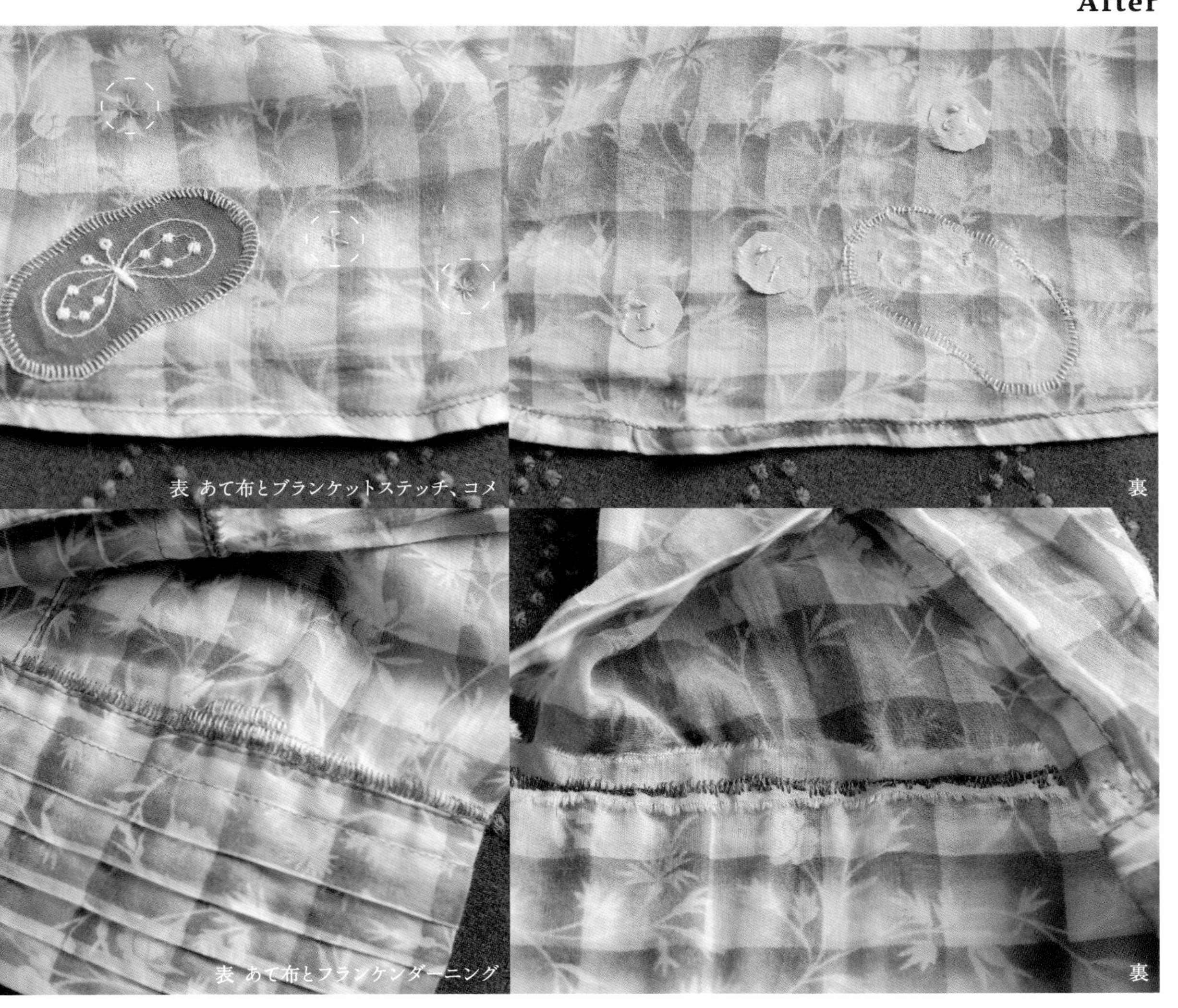

表 あて布とブランケットステッチ、コメ

裏

表 あて布とフランケンダーニング

裏

シャツの生地に合わせて、薄いシルク素材であて布を

腕部分のカフスと、本体の縫い目が薄くなって今にも裂けそうな状態だったので、裏側から約2cm幅の薄いシルク素材のあて布をしてフランケンダーニングでお繕い。裾近くの生地がすり減っている部分には、蝶の刺しゅうが施された薄い生地をあてました。あて布の周りはブランケットステッチでダーニング。小さい穴には丸く切った布を裏からあてて、表から「コメ」を刺しました。薄手の服には薄手のあて布がおすすめです。

Before
虫食い穴

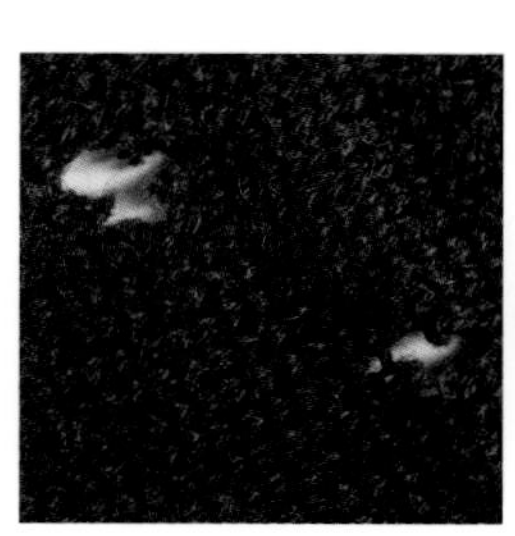

使ったもの
極細モヘアシルク糸 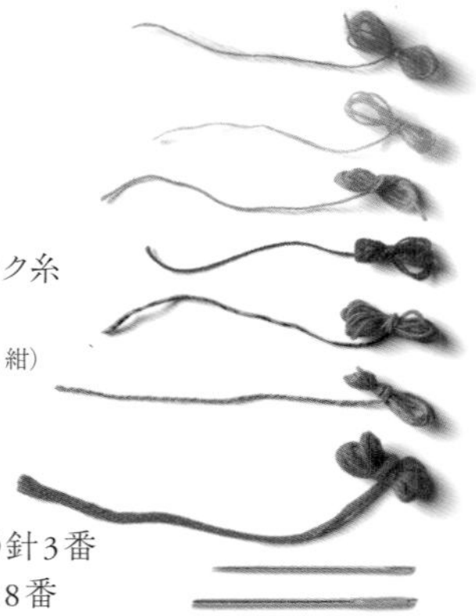
(濃いピンク、薄緑)
極細毛糸(ピンク、紺)
中細毛糸
(段染めの青、茶)
極太毛糸(赤紫)
フランス刺しゅう針3番
タペストリー針18番
＊極太毛糸はタペストリー針18番を使用

イギリス製のウール100%のマフラーとベレー帽は、真紀さんが約10年前に購入。
ところどころに虫食い穴があいています。
そこで、お揃いになるような遊び心のあるお直しをしたいと、思いを巡らせていました。

ダーニングでお揃いを楽しみたい

After

ハニカムスターをちらして華やかな印象に

冬に打ち上がるイギリスの花火をイメージして、さまざまな色の糸を使いました。ベレー帽、マフラー両方にハニカムスターを刺しています。虫食い穴だけでなく、あちこちにちらすとかわいいハニカムスター。糸はモヘア、ウールとテクスチャーの異なる種類を使って変化をつけ、奥行きのあるデザインに仕上げました。

平行移動ハニカム

Technique

幾何学模様や三角、四角の形にしたい時に便利なテクニック。穴、すり減り、シミに使えます。ブランケットステッチを直線に刺し重ねていくとクールな雰囲気に仕上がります。

ベストの虫食い穴

Before

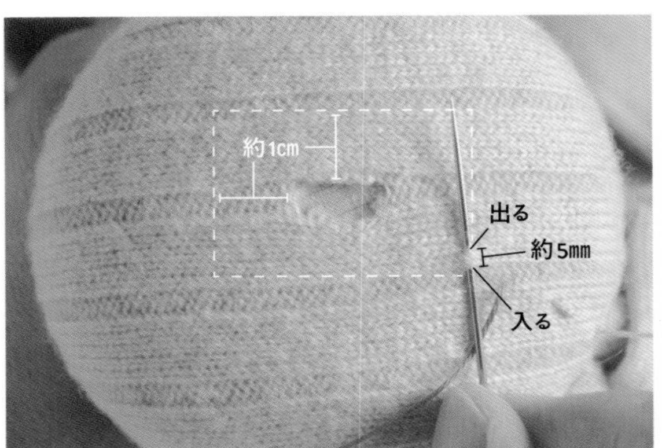

1 線がある生地の場合は線を横向きにして、ダーニングマッシュルームをあてて固定します。生地の線に対して直角に針を入れ、約5mm生地をすくって出します。

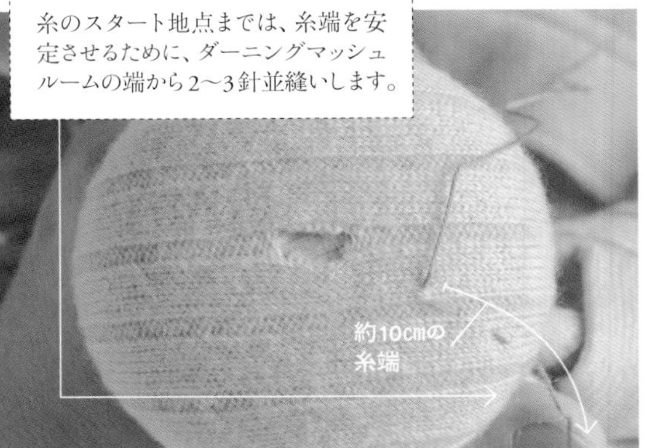

2 後から糸始末ができるように、糸端は約10cm残します。この時、糸端をマスキングテープで止めてもかまいません。

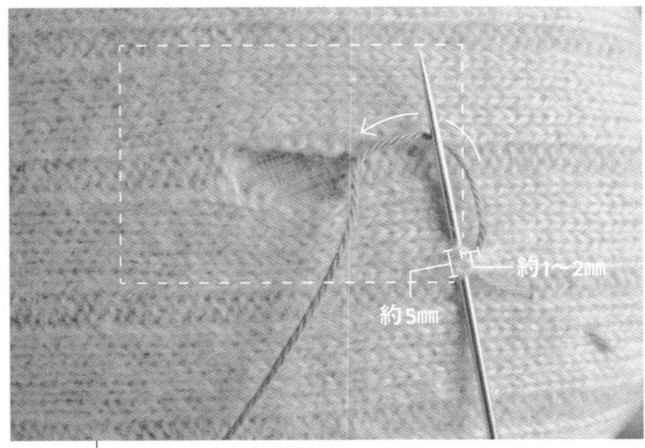

3 約1〜2mm左隣に針を刺し、約5mm生地をすくって出し、糸を針の後ろ側で右から左にかけます。

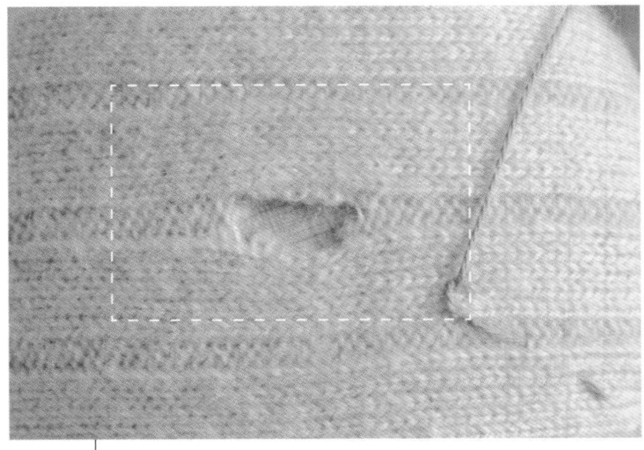

4 糸を引くと、半分ハートの形ができます。この時、糸を引っ張りすぎないことが大切です。

POINT! 穴のあいた生地に「平行移動ハニカム」を縫う時は、穴から上下左右約1cm離すことが理想的です。

用意するもの
刺し子糸（うぐいす、オレンジ）
フランス刺しゅう針3番

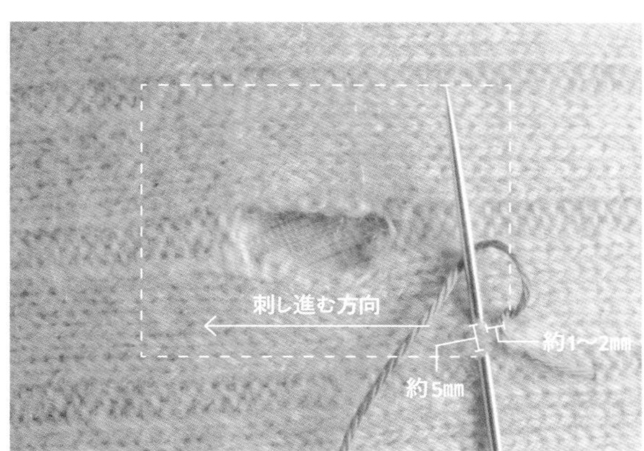

5 約1〜2㎜さらに左隣に針を刺し、約5㎜生地をすくって出し、糸を針の後ろ側で右から左にかけます。

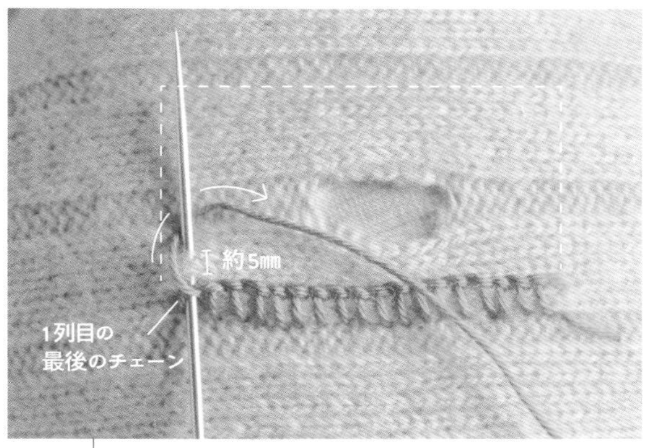

6 1列目を刺し終えます。2列目は1列目の最後のチェーンから上方向に針を刺し、約5㎜生地をすくって出し、糸を針の後ろ側で左から右にかけます。

7 糸を引くと、**4**とは逆の半分ハートの形ができます。

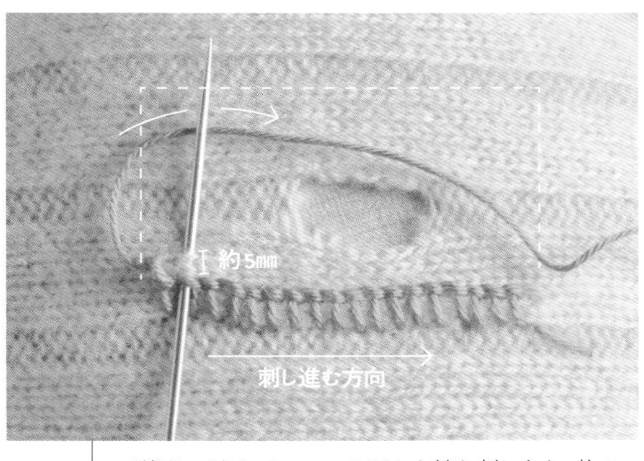

8 1列目にできたチェーンの下から針を刺します。約5㎜生地をすくって出し、糸を針の後ろ側で左から右にかけます。

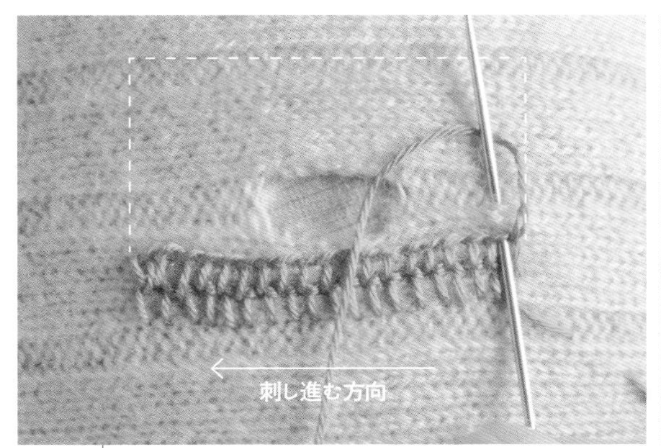

9 2列目を刺し終えたら、その刺し終えたところのすぐ左隣に針を刺し、約5㎜生地をすくって出し、糸を針の後ろ側で右から左にかけます。

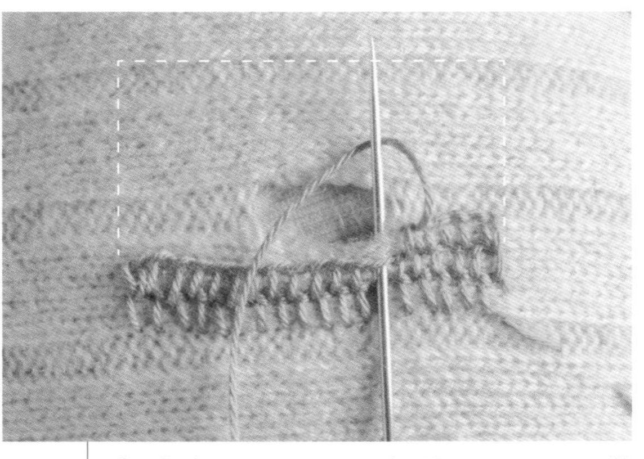

10 穴の部分にさしかかったら、穴があいているところに針を出し、右から左に糸をかけて引きます。この時、他の部分より細かく刺すことが大切です。

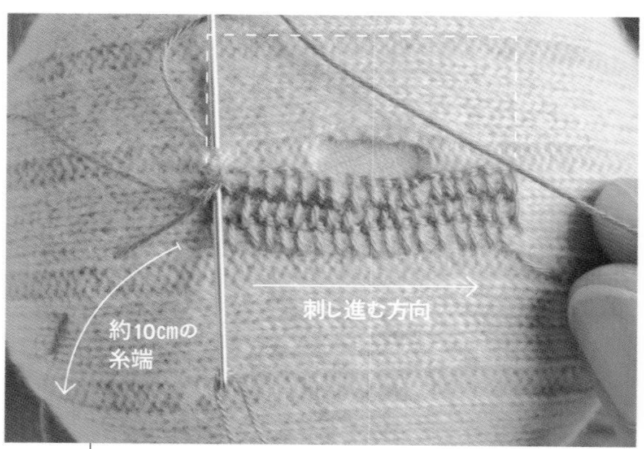

11 糸端が約10cmになったら、糸替えをしましょう（詳細P34の14〜16）。針から糸を抜きます。新しい糸を針穴に通して、スタート地点までは、外側から2〜3針並縫いします。

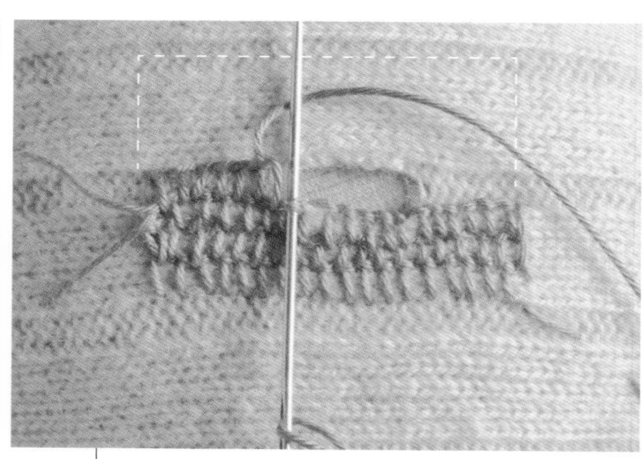

12 穴の部分までできたら、3列目のチェーンから針を刺し、穴の部分に針を出し、糸を針の後ろ側で左から右にかけます。

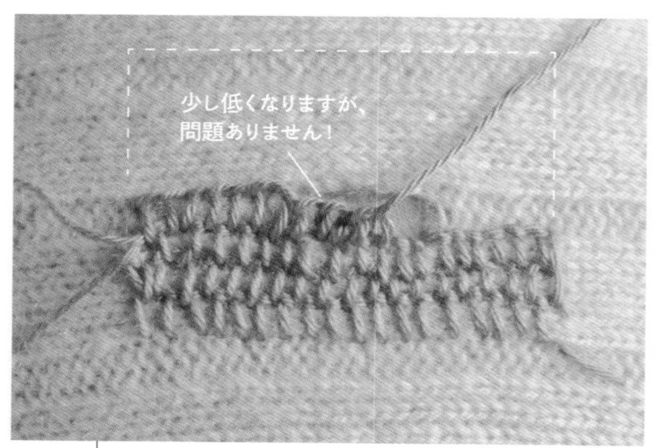

13 穴があいている部分に針を刺すと、糸の段が少し低くなりますが、刺し進めます。

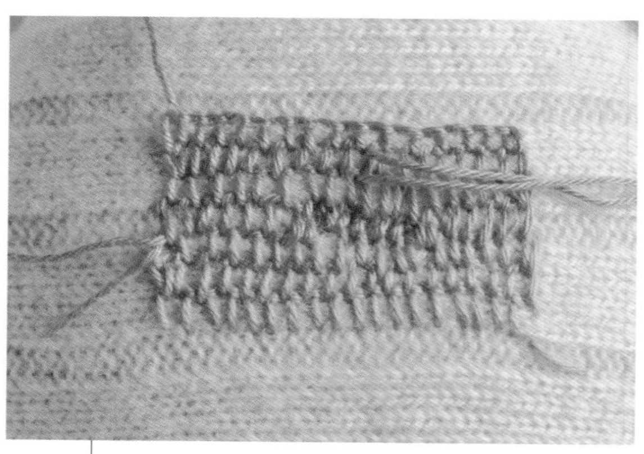

14 長方形に刺し終えたら、完成。すべての糸端は生地の裏側に出し、縫い目に糸をくぐらせ糸端をはさみで短く切ります。

After

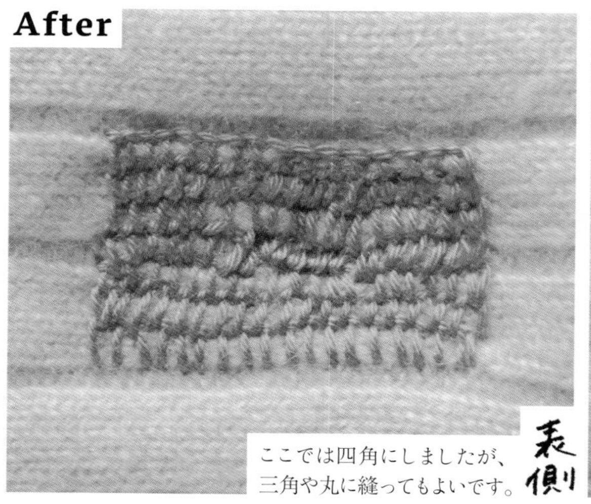

ここでは四角にしましたが、三角や丸に縫ってもよいです。 **表側**

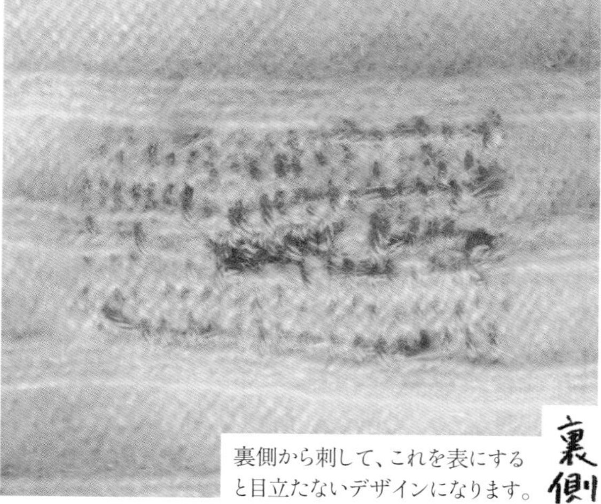

裏側から刺して、これを表にすると目立たないデザインになります。 **裏側**

靴下のダーニング

ハニカムダーニングや裏ハニカムダーニングで繕った靴下。糸の色や種類は靴下に合わせてさりげないものを選んだり、逆に目立つような色を選んだり、お好みの糸でダーニングを楽しんでください。

10年愛用している特別なニット

Before
経年劣化による穴

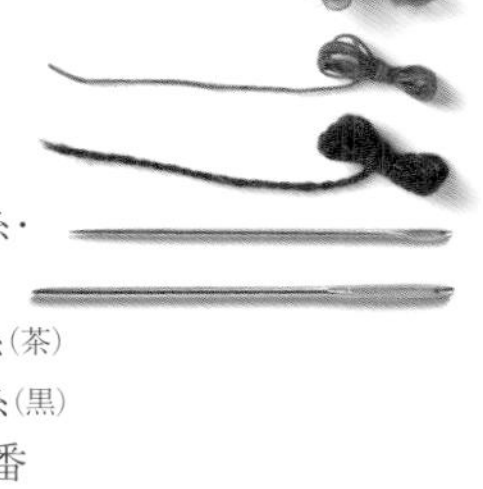

使ったもの
極細モヘアシルク糸（ベージュ）
極細モヘアナイロン糸・ループ付き（青）
極細ウール刺しゅう糸（茶）
極太ウールツイード糸（黒）
フランス刺しゅう針3番
タペストリー針18番
＊極太ウールツイード糸はタペストリー針18番を使用

着ると少しだけ背筋が伸びて、自分に自信が湧いてくる、
思い出の詰まった特別なニット。
拓さんが購入してから10年、毎年着ていたら
ついに穴があいてしまいました。

After

ゴマシオ

平行移動ハニカム

平行移動ハニカム

四角いハニカムで甘さ控えめのデザインに

円形のハニカムダーニングは甘いイメージになるため、長方形や正方形に仕上げる平行移動ハニカムで繕いました。糸はツイードのセーターに入っている色と同系色を選択。調和する糸を使って、馴染むように仕上げました。裾の部分はお繕いした部分とも融合するように、アクセントカラーの青色の糸でゴマシオでダーニングをしています。

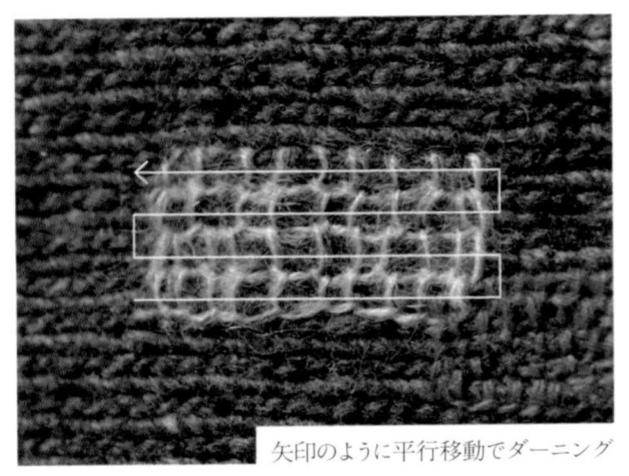

矢印のように平行移動でダーニング

引き継ぎたい他界した父のベスト

Before
経年劣化による
虫食い穴や小さなシミ

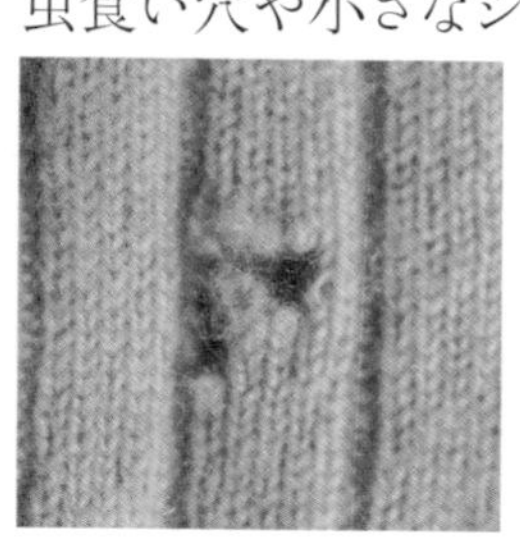

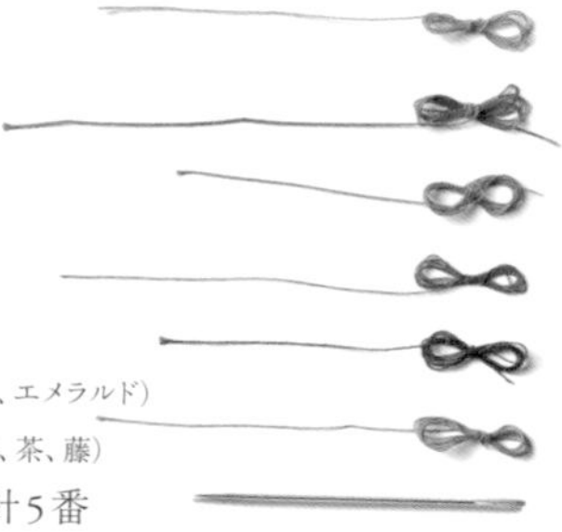

使ったもの

手縫い糸(太)
(オレンジ、黄、うぐいす、エメラルド)

手縫い糸(細)(薄茶、茶、藤)

フランス刺しゅう針５番

カシミア素材の肌触りがよいベストは、順子さんのお父様の遺品。
体型が似ている弟さんに着せようとしたところ
生地のあちこちに虫食いが。ダーニングしたいと思いつつ、
未だ手つかずになっていました。

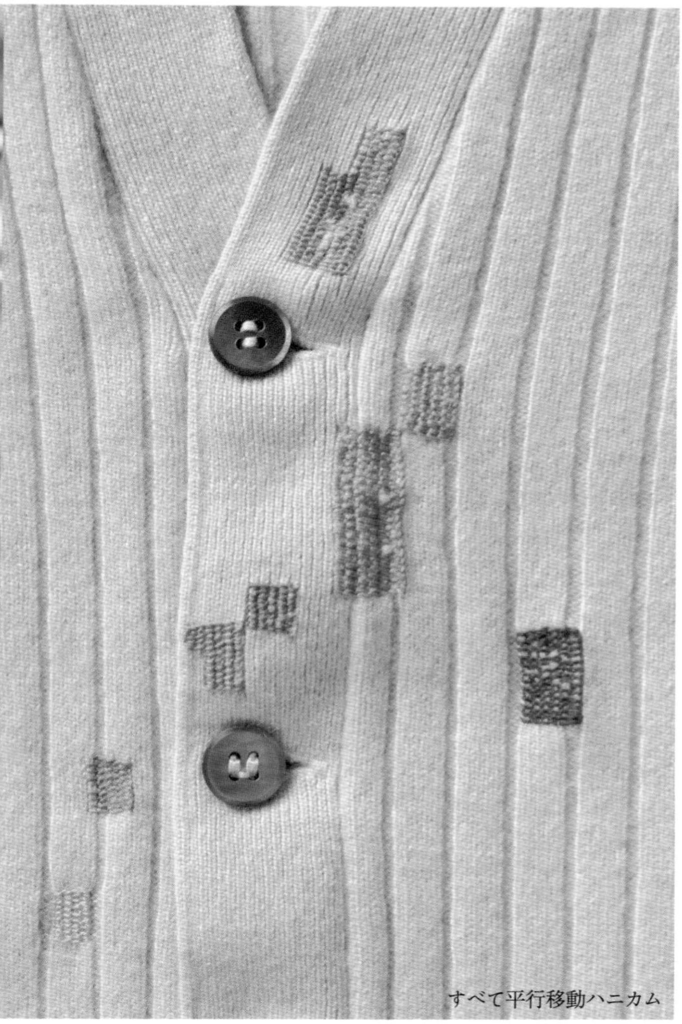

すべて平行移動ハニカム

ストライプの地模様に合わせて平行移動ハニカムでダーニング

全体に虫食い穴や小さなシミがあったベスト。ニットの編み地が直線模様なので、直線を活かした平行移動ハニカムで長方形に刺しました。襟元にはあえて飛び出すようなダーニングを施し、遊び心をプラス。優しいミルクティー色のベストに合わせて、似ている雰囲気の色の手縫い糸を選びました。ここでは暖色と寒色を混ぜていますが、セーターと類似の色や、単色で統一してもよいでしょう。

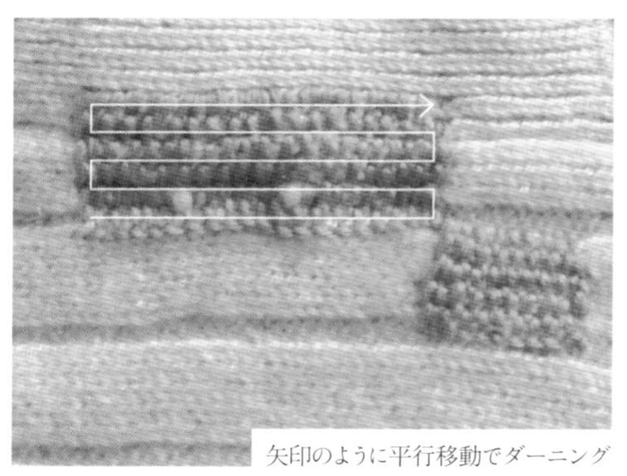

矢印のように平行移動でダーニング

虫食い穴ができたカーディガン

Before
あちこちに虫食い穴

使ったもの
ベルベット生地
並太羊毛毛糸（茶）
手縫い糸（細）（紺）
ウール刺しゅう糸（チャコールグレー、黒）
刺し子糸（紺）
中細羊毛毛糸（紺）
極細モヘアナイロン糸・
ループ付き（青）
並太モヘアナイロン糸・
ループ付き（グレー）
フランス刺しゅう針3番

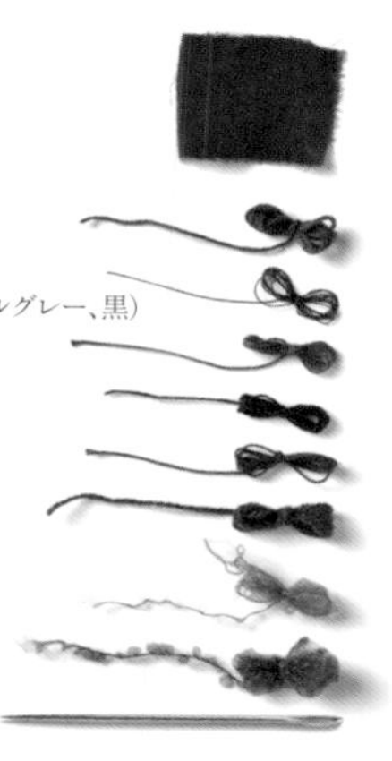

どんな服にも合わせやすい隆さんの紺色のカーディガン。
冬場の残業の相棒として共に過ごしてきたのですが、
夏の間、タンスの奥底に眠らせていたら、虫食い穴があいていました。
愛着があり、なかなか捨てられずにいます。

After

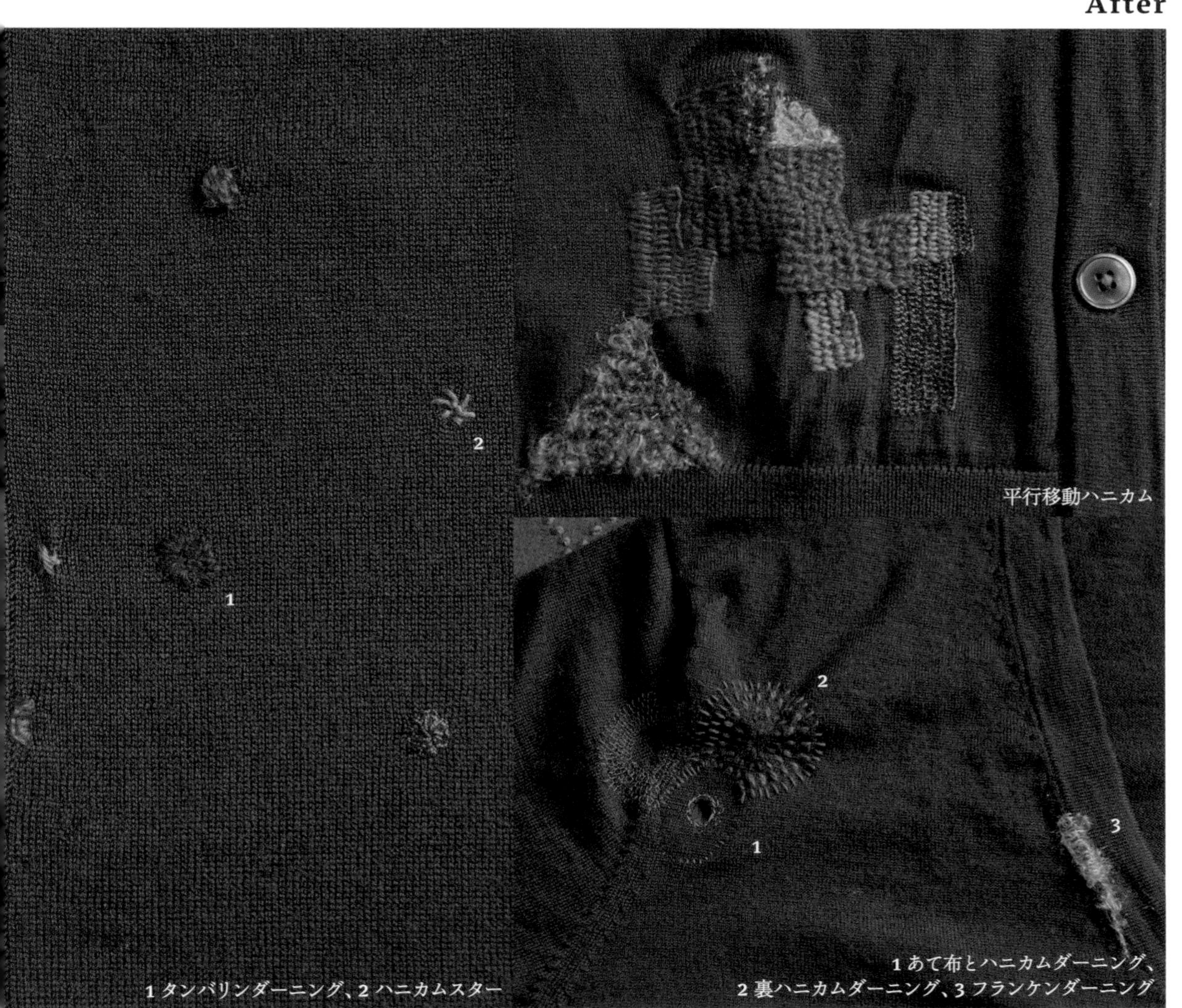

1 タンバリンダーニング、2 ハニカムスター

平行移動ハニカム

1 あて布とハニカムダーニング、
2 裏ハニカムダーニング、3 フランケンダーニング

同系色の糸を使い、多彩な形の模様を描く

あちこちに虫食い穴があったカーディガン。穴の大きさに合わせて、三角や四角の平行移動ハニカムやフランケンダーニング、ハニカムダーニング、ハニカムスター、タンバリンダーニングなど、さまざまなテクニックを組み合わせました。また、同系色で多彩な素材の糸を使い、質感の違いを出しました。

Before
すり切れ、傷み

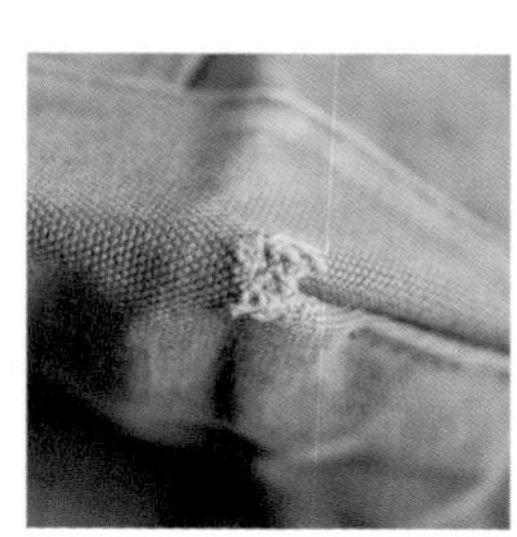

使ったもの
蛍光色糸（黄緑）
フランス刺しゅう針3番

年月が経つほどに馴染むトートバッグ

帆布のトートバッグは、麻由美さんの十数年来の愛用品。
年月が経つほどに生地が柔らかくなり、よく馴染むので毎日のように使っていたら、
角や開口部に傷みが発生。この先も大切にするために、お繕いを考えています。

After

1 ブランケットステッチ、2 ゴマシオ

ハニカムダーニング

平行移動ハニカム

傷んだ部分を補強しながら蛍光色でスパイスを加えて

すり切れたトートバッグの角は、ハニカムダーニングを刺して補強。これ以上傷みが進まないように、傷んでいる場所すべてにダーニングを施しました。平行移動ハニカムによる三角の形を刺し足すことで、デザインのバランスがとれたシンプルなお繕いに。同系色でありながら、蛍光色糸を選んだことでスパイスを効かせています。

Before
激しい傷み、裂け目

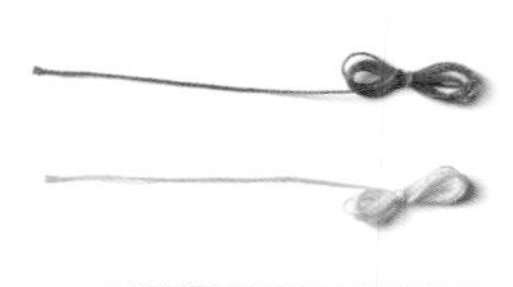

使ったもの
8番フランス刺しゅう糸(赤)
刺し子糸(白)
フランス刺しゅう針3番

貴世美さんがオーストラリア・アデレードのアパレルショップで購入したトップス。
帰国後も愛用していたら、袖に穴が。オーストラリアの思い出が詰まった一着を
蘇らせるために、どうダーニングしようか悩んでいます。

再び蘇らせたい着古したトップス

After

1,2 ゴマシオ、3 裏からゴマシオ、
4 ブランケットステッチにゴマシオ、5 ハニカムダーニング、6 フランケンダーニング

激しい傷みを活かし、大胆に針を入れてお繕い

トップスの袖部分にできた大きな傷み。こういうカジュアルな服は、ダメージでかっこいい雰囲気を演出できるので、あえて整ったデザインや丁寧なお繕いはしません。傷みに沿ってゴマシオやハニカムダーニングなどでガシガシと刺し、味わいのある形状を目指しました。糸の色もトップスに使用されている赤と白だけを使って、シンプルにまとめています。

ほつれるまで履き続けたスニーカー

Before
経年劣化による
履き口のほつれ

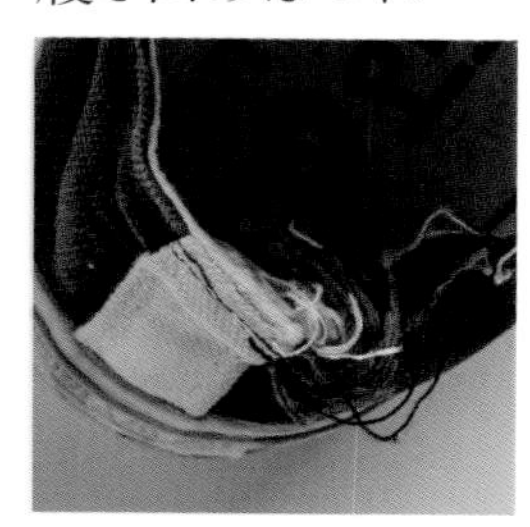

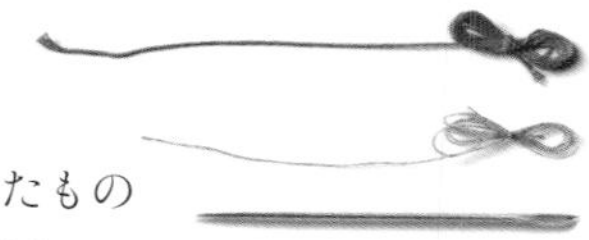

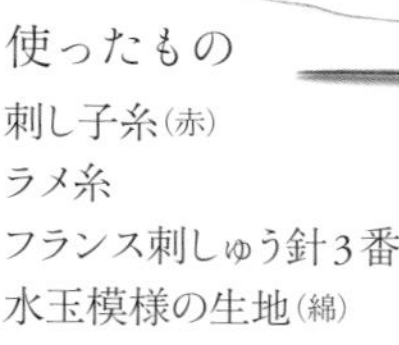

使ったもの

刺し子糸(赤)
ラメ糸
フランス刺しゅう針３番
水玉模様の生地(綿)

履き口がほつれるまで直子さんが履き続けた、
コラボモデルのスニーカー。
ダーニングのアイデアを膨らませていました。

After

ゴマシオ

1 ゴマシオ、2 あて布とブランケットステッチ

平行移動ハニカム

靴のデザインに合わせて、赤白のあて布でアクセントを

傷みの大きい部分に生地をあててダーニング。1枚の長方形の生地を斜めに折って、三角の部分がヒラヒラと顔を覗かせるように刺しました。あて布部分の周りはゴマシオで刺したあと、ブランケットステッチで縁取りをしています。靴に赤色のブランドマークが入っているので、糸と布も赤をセレクト。スニーカーは硬い部分があるため、針が通りづらいことがあります。そのため、補強のためというよりも、アクセントになるような軽めのダーニングがおすすめです。

手縫いをする上で基本となる「玉結び」「並縫い」「玉止め」。
これができないから針仕事が苦手という方のために、
ここではその方法を解説します。

Technique 知っておくと便利な基本と応用

玉結び

縫い始めは糸端を「玉結び」すると、縫った糸を引っ張っても抜け出ることはありません。
ダーニングでは玉結びをしないことが多いですが、施すデザインに合わせて、必要な時は玉結びをしましょう。

1 糸の端を親指で押さえながら人差し指に1周ぐるりと巻きつけます。

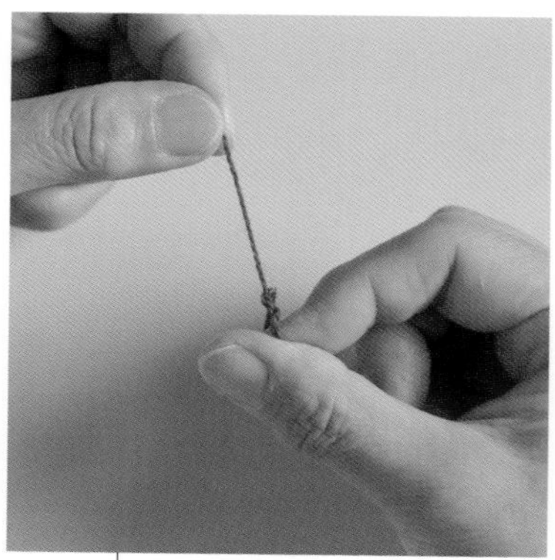

2 糸をねじるようにしながらより合わせます。

3 より合わせた糸の輪の状態。

4 できた糸の輪の上部を人差し指と親指で押さえながら、もう片方の手で糸を引きます。

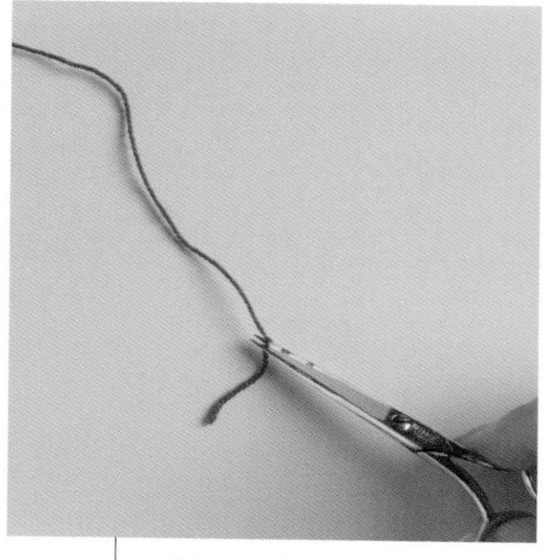

5 玉結びの端に残った糸を短くはさみで切ります。

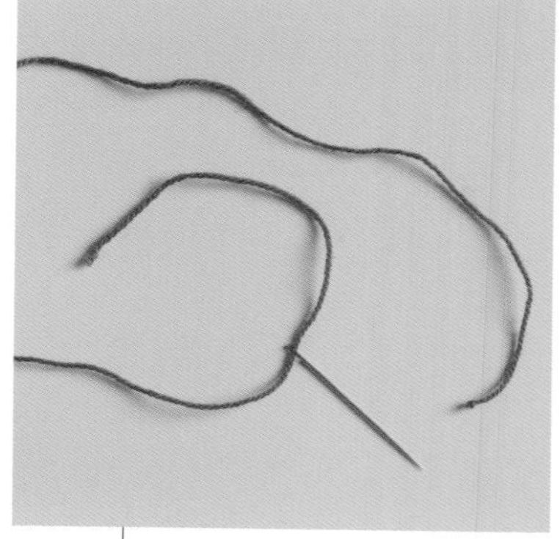

6 これで玉結びの完成です。

並縫い

手縫いの一番基本的な縫い方です。本書ではあて布をする時に使用。
生地と生地を縫い合わせるなど、簡単な針仕事ができるようになります。

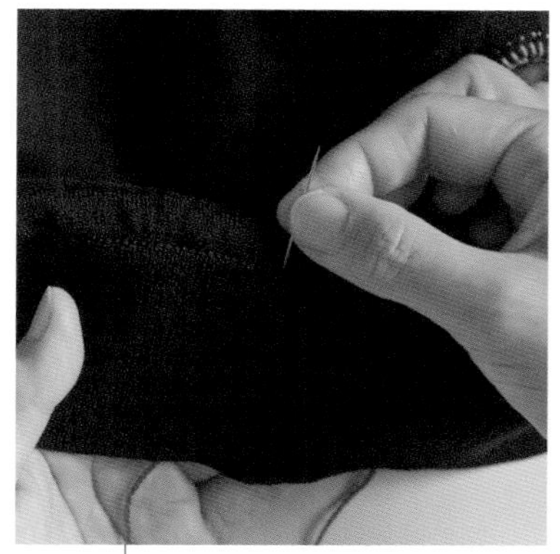

1 玉結びをした糸が通った針を生地の裏側から出します。

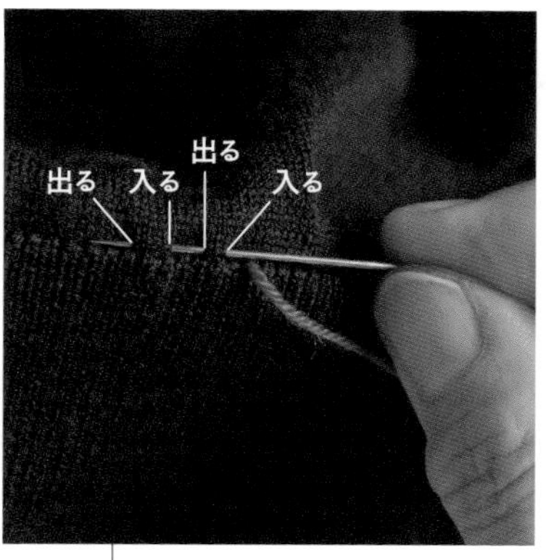

2 左方向に針を入る・出る・入る・出るを繰り返します。

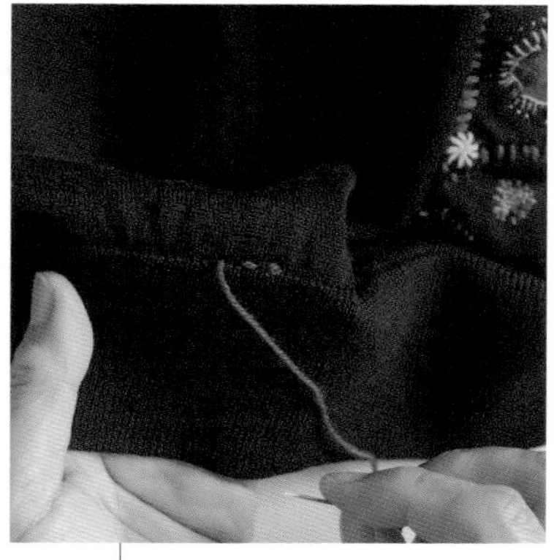

3 数針縫ったら、針を出して糸を引きます。

玉止め

手縫いをする際の基本の糸始末が「玉止め」です。
ダーニングでは玉止めをしない糸始末も多いですが、覚えておくと便利です。

1 縫い終えたら生地を裏返して針を出し、縫い終わりの部分に針をあてます。

2 指で針を押さえながら、糸を2〜3回ぐるりと針に巻きます。

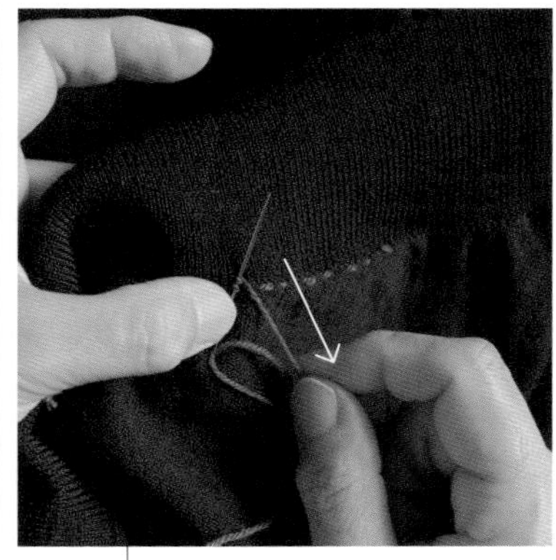

3 糸を引き、刺し終わりの部分に巻いた糸を固定します。

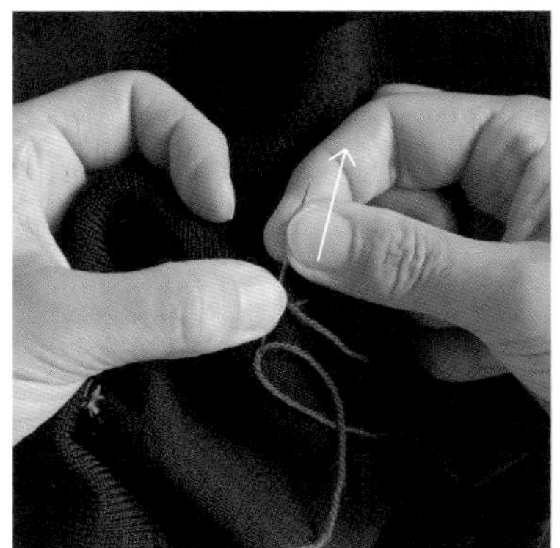

4 巻いた糸がずれないように親指で押さえ、もう片方の手で針を引き抜きます。

5 糸を完全に引き終わるまで、親指は離さず、結び玉がずれないように押さえます。

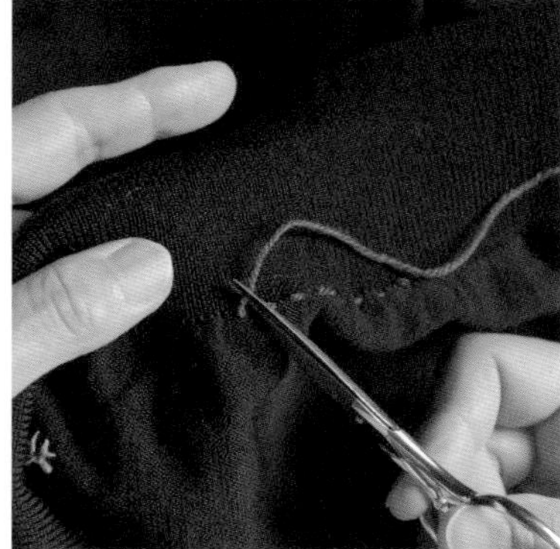

6 糸を引いて巻いた部分が玉になったら、結び玉の上に出ている糸端をはさみで切ります。

応用 ゴマシオの刺し始めの糸始末

最初に糸始末を行うと、刺し終えた後の糸始末はしなくてすむようになります。このテクニックは、すべてのダーニングの刺し始めに使えます。

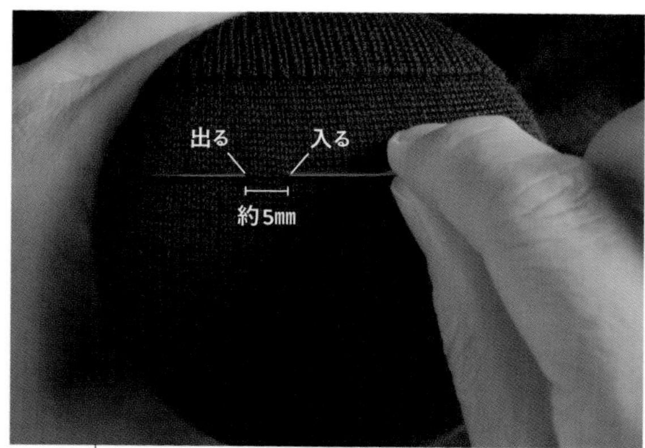

1 ダーニングマッシュルームを固定します。生地に針を刺し、約5mm生地をすくい、その先に針を出します。

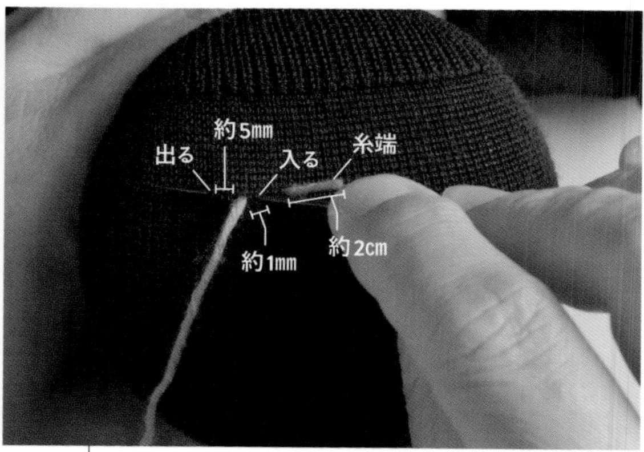

2 約2cmの糸端を残して糸を引き、約1mm戻って針を刺し、約5mm先に進んだ場所から針を出します。

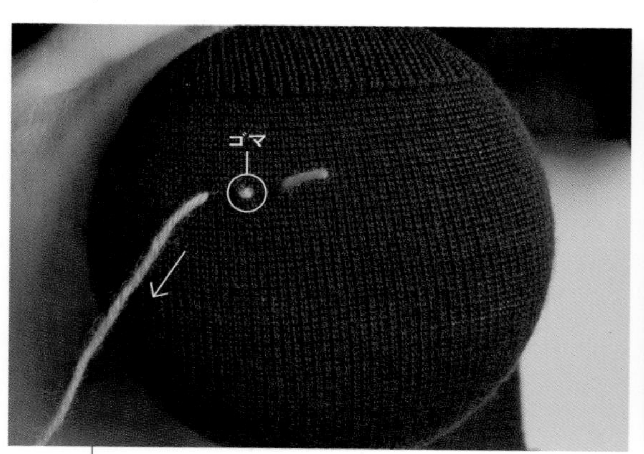

3 糸を引くと、ゴマが1つできます。

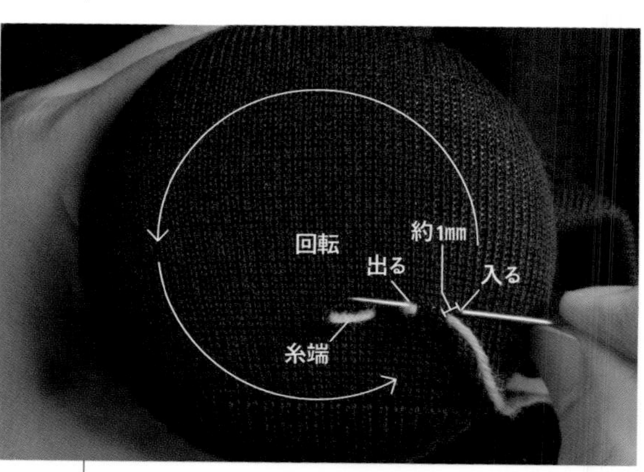

4 生地を180℃回転させ、約1mm戻ってから針を刺し、3でできたゴマの下から針を刺して出します。

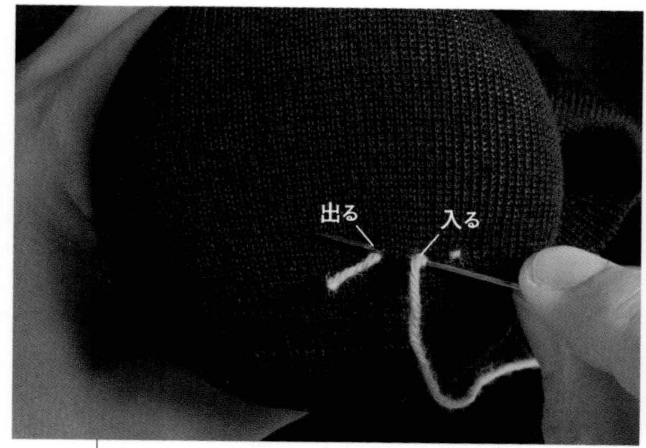

5 ゴマの根元に針を刺し、1で最初に針を入れたところから、針を出します。

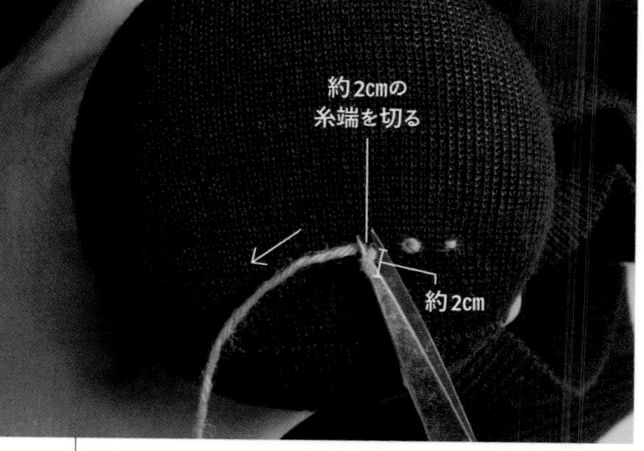

6 糸を引き、最初に残しておいた約2cmの糸端をはさみで切ります。この後は、ゴマシオやお好みのダーニングステッチを始めましょう。

応用 ゴマシオの刺し終わりの糸始末

ここではゴマシオダーニングで刺し終えた後の糸始末をご紹介します。なお、この方法はダーニングマッシュルームをしたまま糸始末ができるので便利です。

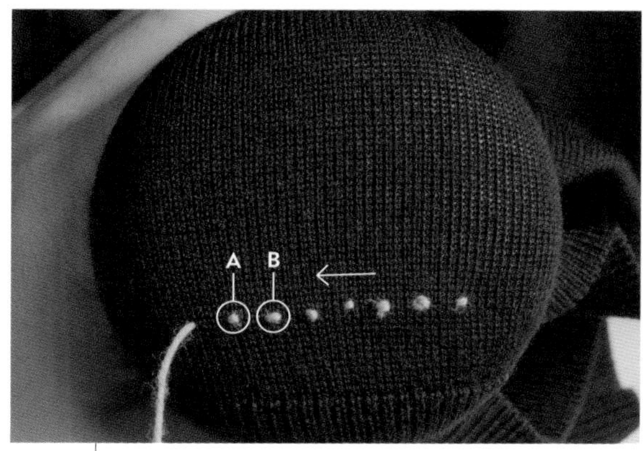

1 ゴマシオが1列できたところから糸始末を始めます。

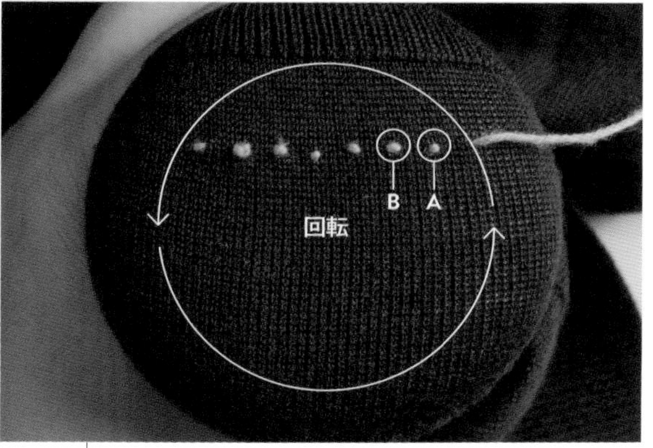

2 生地を180℃回転させます。

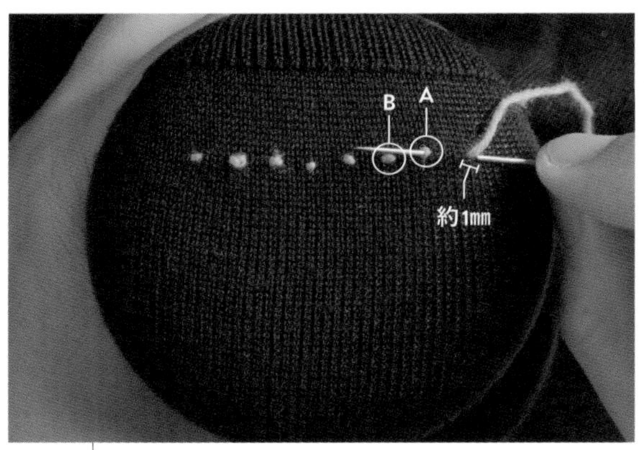

3 刺し終わりの糸から約1～2mm戻ったところに針を刺し、Aのゴマの下から針を刺して出し、糸を引きます。

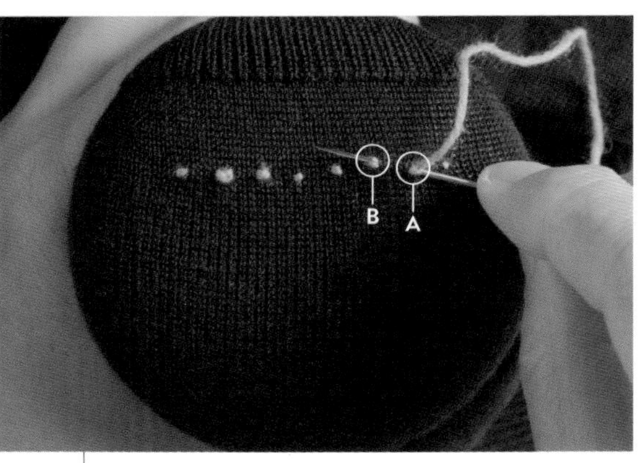

4 Aの根元に針を刺して、Bのゴマの下から針を刺して出し、糸を引きます。

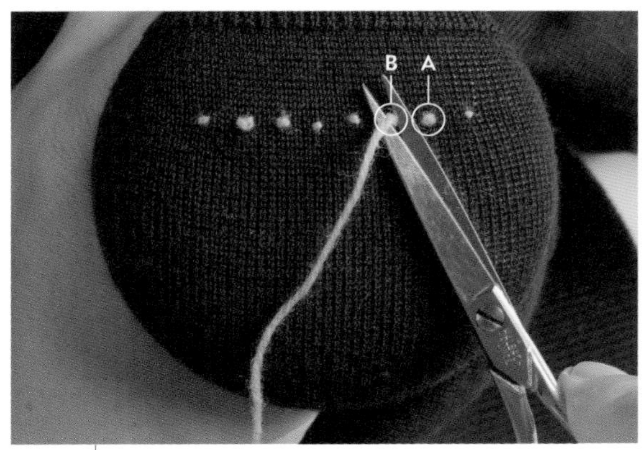

5 糸端を短くはさみで切ります。

完成

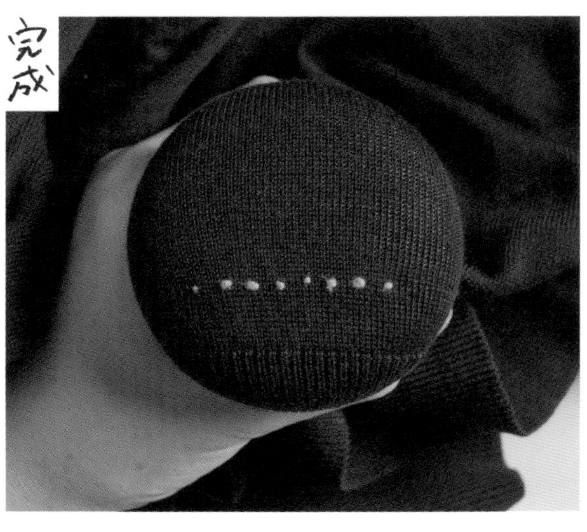

私は約10年前にイギリスでダーニングと出会い、その後私が大勢の方々を指導していく中で、どうしたら化学繊維や伸縮素材が多い現在の私たちの衣類に適したダーニングになるのか？ もっと手軽にできないかを追求してきました。

小学生のころ、フェルト生地を切って縫い合わせたマスコット作りにはまって慣れ親しんだブランケットステッチ、返し縫いといった家庭科レベルのステッチを組み合わせることで新しい手法のダーニングが生まれました。これさえ「手習い——手が覚えておく」をしておけば、人生で何百回と訪れる衣類の傷みにも自分で手当てできるようになり、一生使える技術です。

毎月100名以上の方にダーニングを指導していると、針仕事に全く興味がなかったけれど「ダーニングだけはやってみたい」「繕いたいものがある」と受講される方が大勢いらっしゃいます。

この本でダーニングはじめてさんには、針穴に糸を通すところから基本を丁寧に説明。ダーニングを既に経験されている慣れっこさんには、さらに広く深いダーニングの世界を知るきっかけに。そんな本を目指して、随所に工夫を凝らしました。

本書は、一般公募で全国から大切にしたいものを収集。寄せられた多くのものには、それぞれの思いが詰まっていました。針先ほどの穴やシミに心を痛める人、かなり激しく傷んでも捨てられない人までいろいろで、改めて人が「傷み」と認識する幅の広さを知りました。その上で、繕い跡をさりげなく目立たないようにしてほしいという方、装飾的にしてほしいという方それぞれのご希望に合うテクニックや糸、色選びに専念しました。「現代の暮らしに似合うお繕いと着心地よさとは。その衣類や着る方に馴染む、似合うダーニングとは」これが私のダーニングの命題です。

皆さんもダーニングを施した衣類を着て洗ってを繰り返して、どのようにまた傷みが進むかを検証してみてください。傷んだらまたその上から繕い足してもよし、納得して「お疲れ様」と捨てるのもよし。「繕って着る」とはなんと単純明快なSDGsな行動でしょう。ダーニングは正解がない針仕事。ほんの少しから、突き進めて究極のお繕いまで、すべて自分を主体にして縫い進めてゆくと、目の前に広がる世界も変わってくる。そんな心持ちを一人でも多くの方に知ってもらいたいです。

2021年12月　野口光

おすすめのメーカー・ショップ

越前屋
https://www.echizen-ya.net/

手芸専門店。綿、絹、麻、ウールと素材もさまざまな刺しゅう糸がそろいます。小ロットで色数も豊富なので、多色使いのダーニングにおすすめです。

Keito
https://www.keito-shop.com/

世界各地から上質な手編み毛糸が集まります。靴下やセーターのダーニングにおすすめのジェイミソンズのシェットランドウールの品揃えも豊富です。

新宿オカダヤ
https://www.okadaya.co.jp/shop/c/c10/

プロの手芸家やデザイナーに人気の手芸材料専門店。毛糸は約7300点も取り扱いがあり、刺繍や刺し子、革工芸などの幅広い材料が揃っているので、ダーニングの素材合わせのインスピレーションにもなります。

ておりや
https://teoriya.net

手編み、手織り糸専門店。ソフィアウール、フレンチリネン糸やウールヤサンシルク糸などはダーニングにぴったりです。

パピー
http://www.puppyarn.com/

手編み用毛糸の専門メーカーで、さまざまな種類の良質な毛糸が揃います。ボリュームのある極太モヘア糸Julica Mohairは特に糸のボリュームを楽しみたいダーニングにおすすめします。

ホビーラホビーレ
https://www.hobbyra-hobbyre.com/

丈夫なのにしなやかな刺し子糸は衣類の素材にかかわらずダーニングに使えます。

ユザワヤ
https://www.yuzawaya.co.jp

豊富な品揃えで手芸愛好家に人気の専門店。見やすい売り場構成と、店内に手軽に取り組める手芸提案があるのも嬉しい。

横田株式会社・DARUMA
http://www.daruma-ito.co.jp/

手縫い糸、毛糸、刺し子糸、蛍光色の小巻Caféデミネオンをダーニングに使っています。

Special Thanks

秋山裕子、石橋麻美、稲垣時子、池田紀美、大橋直子、奥田麻由美、加藤有紀、神野真美、北飯亮、黒川美緒、黒沢文子、小成佳穂、佐野直子、紫山隆、高村貴世美、髙柳文香、中根拓、藤原小百合、松田房代、村田真紀、森岡圭介、森田光世、森山薫、山内美也子、山本くるみ、山本菜摘、山本唯、渡辺順子

野口 光 のぐち・ひかる

テキスタイルデザイナー。ニットブランド「hikaru noguchi」主宰。武蔵野美術大学を卒業後、イギリスの大学にてテキスタイルデザインを学ぶ。日本、イギリス、南アフリカ共和国をベースに、インテリアをはじめ、ファッション界でニットデザインのコレクションの発表を続ける。世界各地でテキスタイル関連のデザインやコンサルタント、執筆などを手掛けている。近年はダーニング人気の火付け役として、国内外やZOOMにて教室やワークショップで大勢の人たちを指導している。オリジナルのテクニックを日々研究。オリジナルのダーニングマッシュルーム、ステッチ糸もプロデュース。

HP　http://hikarunoguchi.com/

ワークショップや
オリジナル商品のオンラインショップ
https://darning.net/
Instagram　@hikaru_noguchi_design

STAFF
デザイン
廣田 萌（文京図案室）
撮影
漆戸美保
撮影アシスタント
犬飼綾菜
執筆協力
大場敬子
校閲
横山美和
背景協力
モールテックス背景板「大喜舎」

制作協力
神山彩子
中須賀香織
斎藤 円
猪子くみ子（P22〜23）
奥田淳子（P85靴下上から3つ目）
奥田麻由美（P85靴下上から4つ目）
鎌倉裕子（P9コーデュロイのパンツ）
清水久美子（P11エコバッグ）

この本の制作に当たり、多くの制作実務、提案、サポートをしてくださったダーニング術本制作スタッフ、Team Hikaru Noguchi Textile Design、お教室・ワークショップにご参加いただいた皆様に改めまして御礼を申し上げます。

大切にしたいものをお繕い
野口光が教える
一生使えるダーニング術

発行日　2021年　12月　22日　第1版第1刷
　　　　2022年　6月　1日　第1版第4刷

著　者　野口　光

発行者　斉藤　和邦
発行所　株式会社　秀和システム
〒135-0016
東京都江東区東陽2-4-2　新宮ビル2F
Tel 03-6264-3105（販売）Fax 03-6264-3094
印刷所　三松堂印刷株式会社　Printed in Japan

ISBN978-4-7980-6558-8 C5077

定価はカバーに表示してあります。
乱丁本・落丁本はお取りかえいたします。
本書に関するご質問については、ご質問の内容と住所、氏名、電話番号を明記のうえ、当社編集部宛FAXまたは書面にてお送りください。お電話によるご質問は受け付けておりませんのであらかじめご了承ください。